看穿男人的心機套話術

用破解謊言的五大技巧，了解對方的所有心思

在瑞士擁有200萬粉絲的伴侶治療師
加百列・帕拉西奧斯 Gabriel Palacios

目錄

推薦序　成為自己最重要的人，愛得健康　6

前言　8

① 為什麼你會不安　8

② 愛情會再次揭開過去的傷痕　11

Part 1 不信任是愛情的殺手　21

1 致愛情的信　22

2 永遠先把對方當成無辜者　23

3 為什麼他會開始說謊？　32

4 看見真相的心機套話術　36

① 描述細節與反向敘述　37

② 用「你說過……」試探對方　38

③ 讓對方覺得那是件小事　40

④假裝我們知道的內情比表面上還多 42
⑤假裝他做錯事等於愛你 44
5 分辨四種類型的說謊者 46
①犀牛型 48
②鹿型 52
③變色龍型 55
④蛇型 58
⑤綜合型 62
6 在愛情裡守護我們的價值觀 66
7 對付操縱者的方法 75

Part 2 看穿謊言

Part 2 看穿謊言 83
1 拆穿伴侶的不誠實 84
①分析他表現的動作 87

目錄

❷分析他說話的語言 99
❸分析他說話的內容 103
2 他是說謊成癮的人嗎？ 110

Part 3 你何時丟失了信任感？ 113
1 沒關好的冰箱 114
2 潛意識讓我們吸引同一種人 121
3 你們是平等關係，還是上下關係？ 128

Part 4 重建你們的感情 133
1 感情中的寬恕 134
2 補償心理 141
3 愛你，才會跟你吵架 149

4 創造嶄新的信任感 159
5 這樣做，冷靜面對危機 164
6 不要複製好萊塢式的感情關係 168
7 在一起和分手的焦慮 170
8 伴侶治療帶給你全新的觀點 178
結語：積極面對每一段感情 180
後記：精神發展 182
感謝辭 185
聯絡方式 188
心理測驗：愛情裡，你會變成哪一種說謊者？ 190

成為自己最重要的人，愛得健康

蘇絢慧（諮商心理師、璞成心遇空間心理諮商所所長、璞成心理學堂創辦人）

這是一本幫助你「成為你自己最重要的人」的書。若你是一個在愛情中感到不安，深怕自己不夠好的女性，那麼，瑞士伴侶治療師所寫的這本心理療癒書籍，會很適合你。

我遇見許多女性的來談者，當我詢問她們為何來找我進行心理諮商時，我從不同的她們的口中，聽到相同的一句話：「我想要知道怎麼愛自己？我不想要再過那一種為別人付出，付出到不知道自己是誰的生活。」

這是一個重要的覺醒時刻，當我們終於清醒一點，看見自己不斷地為別人，特別是伴侶，付出到失去自己，甚至不再認識自己時，這透露給我們自己知道：你的犧牲和付出的行為背後，其實是來自你根本不愛自己，將自己視為非常不重要的人，不僅被自己忽視，還接受了別人的輕視與漠視。

當你不覺得自己值得尊重，你會認同他人可以不尊重你。不只如此，你還會忽略對方已經反覆出現的許多欺騙行為，跟著一起自我欺騙，好像那些欺騙行為都只是考驗你是不是一個夠完美的好女人的挑戰。於是，你閃避那些謊言，把男人其實做得滿明顯的隱瞞和欺騙，一同合理化，然後加碼要求自己：「愛是信任，一定要相信他」，以此證明你的愛是最高尚及最無條件。然而，這往往是埋下疑心病的種子，逃避面對真相，往往只會讓我們被自己的疑心恐懼情緒支配，讓關係遲早瓦解，畢竟紙是包不住火的。

《看穿男人的心機套話術》的作者，運用許多為伴侶諮商的故事，剖析了女性很常遭遇的，卻很少有人客觀描寫出來的敏感議題——被愛人欺騙。並且探索女性在愛情中的盲點和困境，以充滿同理和支持的語句，協助你練習修復你的童年傷痕和情感創傷。

當然，我們之所以要療傷，最重要的原因是，我們能夠來得及學會健康地去愛，不再自我欺騙，也不再以自我犧牲來證明自己的行為是愛情關係中最高貴的愛。我們能愛得健康，也才能建立和擁有真正有益生命、滋潤生命的健康關係。

前言

1 為什麼你會不安

首先，我要發自內心恭喜你：「恭喜！你曾經是，現在也是，從超過六億個競爭對手中勝出的人。」想像一下：當初六億個精子和你追求相同的目標，你第一個到達終點，並成功結合為受精卵。

然而，我們也有懷疑自己的時候：像是和別人相比時，覺得自己不夠好的一瞬間。其實這是我們人類獨有的行為。正因為我們都屬於被上天選中的人，我們做到了！我們可以呼吸、吃飯，體驗世界；我們可以與朋友相聚、哭泣、歡笑；我們可以感覺情緒，成為宇宙的一部分。

這是一份無法用言語形容的禮物。它孕育出我們，讓我們知道：我們應該謙遜於自己與生俱來的獨特之處；我們每一個人都是贏家；我們全都得到了生命的獎盃，擁有生活、呼吸、感覺的能力。

謝謝你，我的生命。

我們能夠感受到的情感之一是「連結感」。因為我們從最深的連結形式——精子與卵子結合成受精卵——開始成長茁壯。我們透過臍帶與母親直接連結，並被保護於安全的殼中，我們吸取著養分，占據越來越多的空間。我們可以成長、移動，我們在連結中有安全感。在約兩百八十天的日子裡，我們可以感覺到與母親的身體連結。直到決定的時刻來了，也就是決定「奔向自由」的強烈欲望。那探訪不同宇宙的欲望：在母體之外的時空。

然後，我們大多以「頭下腳上」的姿勢誕生於這世界。我們發現自己內心的聲音是正確的，真的還有另一種時空——「外面的世界」。我們「被生下來了」，雖然只是轉換了空間並自主呼吸。但是，許多人相信，我們的存在「從這一刻才開始」，而沒有注意到我們在子宮這狹窄的空間中，早就擁有了感受情感的能力。

理所當然地，婦產科醫生立刻就切斷了我們與母親的原始連結。我們當下會感覺很無助，因為這是第一次我們不再直接感受到與母親肉體連結。我們現在必須通過觸摸或心理形式的連結來獲得以往的依靠和安全感。

也就是說，所有與母體連結相似的一切，像撫觸、輕拍或擁抱，都能給予我們安全感。

因此，我們必須學習，我們現在不再以肉體形式，而是以精神形式和他人連結在一起。

當我們年紀漸長，仍然渴望與他人連結。當我們戀愛時，我們認為如果彼此的連結不夠緊密，便會感到恐懼。想像有一條繩索，將我們和另一半連繫在一起。如果連結非常強，感覺就像臍帶般令人安心。如果連結削弱了，對我們來說似乎只是一條沒有感情的束縛，甚至薄弱如細絲。

我們害怕彼此的連結會消失；擔心這條繩索越來越細，或連繫伴侶的那一端會磨損；恐懼失去愛情、關愛、依靠和安全感；擔憂伴侶不想與我們緊密連結或完全斷了連繫。這一切就像我們第一次呼吸時，憂慮與母親的連結會消失一樣。

不過，如果將「相信自己」當作連繫我們的連結，將得到穩定感和安全感。我們將不會活在必須不斷修復、加強連結，以免失去它的恐懼中。我們會活得閃閃發亮，以至於別人希望主動與我們產生某種形式的連結。而我們卻在自己身上看到對自己最重要的連結——與自己的連結。

2 愛情會再次揭開過去的傷痕

在你的生命中，最重要的人是你。

我很高興，能夠與你一起深入了解人際關係。任何關係的核心都是能夠真正感受對方。如果我們要藉著這本書共同努力，我們也會進入一種形式上的關係。因為我們將如此親近，請允許我用「你」來代替你的名字。重要的是，我能和你簡單介紹自己，我的名字叫加百列・帕拉西奧斯（Gabriel Palacios），這是我的真實姓名。我父親是西班牙人，母親是瑞士人。我在瑞士首都伯恩出生長大，我很不幸地不會說西班牙語。究其原因，我父親非常早就結束了自己的生命，當時我才五歲。

我在夢幻般的大家庭中長大，我是家中最小的孩子，上面還有六個哥哥姐姐。

這個家庭給了我永遠的依靠和安全感。我在這個星球上的開端並不是很順遂，是經由剖腹產來到這個世界。由於臍帶纏繞在脖子好幾圈，在母親肚子裡又胎位不正，導致兩個髖關節脫臼了。因為髖關節發育不良，我必須穿幾個月的護具。

我才剛到這個世界，就忘記怎麼呼吸。有很長一段時間，醫院的醫生們整夜觀察我。他們想找出為什麼我會忘了呼吸。醫生認為，如果不刺激我再次呼吸，我就會死掉。我受苦於一種特殊的癲癇症，每天會無意識地昏倒高達三十次。單單一個念頭就可能引發癲癇發作。直到七歲，我才終於理解呼吸的重要性。對於這種病症，當初還沒有可比較的數值。我的家人不得不學會與這事實共處——我可能永遠不會從昏迷中醒來。當我失去意識且停止呼吸時，人們推論我的大腦會因此受損。所以，醫生們幫我做了多次身體檢查，包括試圖找出癲癇發作的原因。

所以，我很早就有這樣的想法：在我身上有某些詭異、特殊的東西。每天昏厥對我是一種挑戰，但我不得不學會接受，儘管每天還是會有無助的時刻。昏厥時時刻刻地襲擊我。在我整個身體抽搐，不再呼吸而昏厥時，我的內心漸漸形成一種令人無奈，也無能為力的內在風景。只有放鬆能夠解除抽搐，並讓我再次恢復呼吸。

當我漸漸長大，癲癇不再發作，我經歷了父親的不幸故事。父親的自殺深深地影響我。因為他，我很早就需面對自己的情緒低潮。由於父親生病了，他長待在精神療養院，只有週末才能回家。那個星期三晚上，他突然出院了，並很難得在家與我們共進晚餐。沒想到發生了我們一直很害怕的事，而我們非常希望它永遠不會成真——我父親清算了自己的生命。

那一晚，原本應該是美好的相聚時光。但是，我父親突然從餐椅上站起來，用雙手翻倒桌子，桌上的菜餚和杯盤散了一地，接著他把自己的椅子和其他家具丟向窗戶，原本緊閉的窗戶被打破了。

我們因恐懼都逃走了。我們逃離了自己的父親，那個多年來用愛與關懷拉拔我們長大的父親，他甚至從來沒有傷害過一隻蒼蠅。也許正因如此，他清楚地知道他的行為會在我們內心留下深深的印痕。後來，他跑到市中心，做了讓所有人感到受傷的事情，他躍入自由。

很長一段時間，我必須與他的逝去奮戰。我無法原諒他，在學校我稱他為懦夫，他是一個離開我們所有人的懦夫。甚至學校老師也注意到他的逝去帶給我們巨大的傷痛。所以，我母親買給我們一隻小狗，我們叫牠「恩佐」。恩佐是一個有紅棕毛髮的騎士查理王獵犬，牠有和我一樣的髮色。在我們家，除了來自母親第一次婚姻的三個同母異父姐妹外，所有人都有紅棕色頭髮。恩佐讓我覺得不再孤單。當我在學校因髮色和雀斑被人欺負時，我一從學校回來，恩佐就舔我的臉頰，就像能讀懂我的心思似的。

兒時經歷的事情深深影響我，導致我沉醉於形而上的事物。我知道也感覺到，天地之間存在的東西比人類五官感知到的更多。我還是孩子時，以為那是指魔術，所以我學會了經典的魔術。有了這些技能，我走遍全國各地表演魔術。每次表演我都會收到報酬，所以我十四歲時就已經學會獨立理財。這讓我變得早熟。當時邀請我的人以為我已經二十五歲了。這反倒增加了我的壓力，導致演出時，原本就很早熟的我，還要表現得更加成熟。

今天，我身為一位成年人，一位擁有自己診所的治療師，我意識到我們的「過去」

依然深深影響此時此刻的行為。它影響我們的社會行為，選擇的伴侶類型、職業取向與思維方式。也能夠解釋我們的恐懼和擔憂、欲望和渴望。

我認為，**我們在愛情中最容易再次揭開過去的傷痕**。我們會變得很脆弱；我們與人連結，學習信任對方，擁抱對方。但如果對方破壞自己的信任感，我們會再次出現小時候的恐懼，像是被單獨留下的恐懼；被人忽視的恐懼。如果有人欺騙我們，我們會害怕是自己不夠好；如果有人離開我們，我們往往會覺得十分無助。

因此，認識自己很重要。用心認識自己，以至於能夠探索靈魂的深處。你的需求應該能夠從感情關係中獲得正面的支持而不會受到傷害。

這本書將幫助你把自己視為生命中最重要的人。

它會告訴你如何保護自己，以免受到那些只會讓你傷口更深的人傷害。那些寧願放棄伴侶關係，也不願意承認自我傷口的人，同時也會傷害了他們所愛的人。

我將給你具體的建議。我會告訴你讓我成功晉升為治療師和培訓師的方法。

你可能會納悶，為什麼偏偏要由我來教你這些技巧。究其原因是，我的過去深深影響我，並引導我邁向不同的道路。青少年時期，我已經閱讀了大多數成年人永遠不會讀的專業書籍。我學會了「心智主義」——能夠根據一個人在談話中表現的語言和非語言訊息來判斷對方的想法。

我在十九歲時，已經參與了尤里・蓋勒在德國私營電視臺的熱門節目，每個星期面對約兩百萬的觀眾。同時我不斷深耕催眠療法的知識。今天我不只是世界上歷史最悠久、規模最大的兩個催眠師協會的催眠治療訓練師，也是瑞士催眠治療師協會的會長、治療中心的負責人，以及瑞士暢銷書出版商 Cameo 旗下多本暢銷書的作者。

我早年深入研究的所有事物塑造了現在的我，擁有能夠「讀懂人心」的能力，甚至在他們還沒察覺之前，我已經預先知道他們的想法。

透過以前當魔術師的能力，我知道別人如何試圖用幻覺來欺騙我們。事實上，很不幸地，即使在我們的社會也存在著許多幻術師。從我以前擔任「讀心者」的工作中，即使我手邊缺乏證據，我也知道如何判斷和破解隱藏的訊息，以及如何發現事情的真相。

催眠專家的經驗讓我能向你說明人們如何試圖影響我們；如何操縱我們的潛意識。我將教你如何保護自己免受潛意識的影響。

身為一位伴侶治療師，我想向你解釋，我們應該如何處理自己的恐懼和陰影，而不是一直將所有負面的東西投射在伴侶上；我們應該好好享受生活，特別是擁有自在的關係。這本書介紹的讀心術應該能夠幫助你更加了解另一半，讓你能夠好好經營你們的關係。如果我們能夠在伴侶說出來之前，就讀懂他的想法，會更容易經營感情。

假如不須透過交談就能讀懂對方的想法，會有什麼比這樣更美好呢？只用眼睛、精神，一切我們與伴侶之間流動的東西來溝通。比如無須交談就知道伴侶不想要某些東西或想要某些東西，但不能或不願說出來。通過讀心術，我們會察覺到伴侶正在煩惱某事；我們也會意識到伴侶的喜悅、快樂和滿足，並享受在一起的時光。

當然，了解對方的想法，也能保護你避免受到伴侶的傷害。

無論如何，你都不該被欺騙。

我們都知道這一點「我們的直覺告訴我們某些事不對勁」。當反映我們潛意識的肚子其實知道真相，我們的頭腦和心卻試圖壓抑負面的事實。直到事實終究爆發出來，因為我們被逼著面對那些一直隱隱約約意識到的傷害。我們的世界突然一片混亂。**我們內**

心感到受傷和痛苦，因為我們深深希望自己的直覺錯了。我們發誓未來只會傾聽自己和相信內在的聲音。直到心再次告訴我們，這次會很不一樣。頭腦試圖向我們證明直覺是錯誤的。雖然肚子不斷與頭腦和心彼此爭論著，但通常頭腦和心都會獲勝。為了防止這種情況，我要教你在溝通時，能夠讀懂對方想法的技巧。不僅讓你的肚子，甚至是頭腦和心，都能夠意識到真相。

書中提到的所有技巧和主題都是用來解決我們的愛情問題，原因很簡單，因為我們在戀愛關係中非常接近真實的自己。

在愛情關係中，我們不僅透過對方反射出我們的樣子，也會變得脆弱。我們浮現出種種的擔憂；我們必須面對童年和青少年時期深印在內心的影響和傷害，當然還有其他經歷，例如：來自過往愛情關係的負面經驗。在惡劣的愛情關係中，最常見的感受之一是，覺得自己不夠好、覺得自己被遺棄了、覺得自己沒有存在感或覺得自己沒辦法與人保持聯繫。

因為在認識階段可能就已出現這些感受，特別是對單身者來說，這本書的內容包含了重要的資訊。

在愛情中，感到恐懼的所有時刻，我們的潛意識都會讓我們記起，我們曾經在剪掉臍帶時切斷了與母親如印痕般的重要連結。

每一段戀愛關係都有一條像臍帶的東西連結彼此。就像剛出生時，我們恐懼會再次與母親分開、習得無助。我們覺得自己必須總是人品夠好、條件夠好，因為這給了我們一種虛假的安全感。我們相信對方這樣就沒有理由會切斷愛的連結——「臍帶」。如果我們從潛意識到意識，都明白「即使我們的伴侶切斷連結，我們也不再無助」，始終自信和堅強，我們將不再恐懼自己是否不夠好。我們會感受到對自己深深的愛。我們知道，愛自己的力量會像美麗的柔軟大網接住我們。

這也是本書的重要內容：讓我們有意識地努力愛自己的特殊方法。因為如果有什麼值得慶祝的，就是這個事實：世界上有我們，那麼美好。

此外，**我們將在此書研究這個議題：為什麼我們總是無意識地吸引相同類型的伴侶、這與我們有什麼關係？**

當我在這本書中提到伴侶，我指的既是男性，也是女性。我指的是愛情關係中的男性伴侶、未婚夫或丈夫；也是女性伴侶、未婚妻或妻子。為了簡化稱謂，在這本書中提到的「關係」，指的是「愛情關係」；「伴侶」指的是「愛情關係中的伴侶」，而伴侶同樣也意指男性及女性。

雖然我在這本書主要討論戀愛關係，但在這本書上學到的觀點也適用在其他人際關係，例如：朋友之間或工作職場上的關係。在這裡，「讀心術」也是非常有用的。不僅能夠讓你保護自己，對你也是好的，能讓你與他人形成更緊密的關係。它應該能強化你的人際關係；幫助你往前走，去喜歡的地方；能提升你的價值感，讓你快樂，讓你知道你是多麼重要、多麼美好、多麼聰明和多麼獨一無二。

因為你愛自己，一秒鐘都不要懷疑自己。

你是多麼的可愛。

你很可愛，你值得被愛。

Part 1

不信任是愛情的殺手

1 致愛情的信

悄悄地，你以無條件的忠誠陪伴著我們，

給予我們勇氣、力量和溫暖。

你從來沒有放棄，以無比的信心，指引我們通往內心之路，讓我們呼吸，感受喜悅，哭泣與歡笑。

在我們到達前，你已在那裡，站在我們身後，直到我們離開。我們做計畫時，你會靜悄悄看著我們，給予我們如此明顯的信號。

不論理性與感性，你總是護衛著我們。

或者，當你理性地為我們商議允許例外情況時。

你保護我們免於恐懼，教會我們信任——懇求看見你的我們。

而當我們相信發現了你，你躲起來了：躲在謙遜的鏡子後面。

你是愛。

2 永遠先把對方當成無辜者

自從我們有感覺以來，我們就能感受到被呵護與安全感。不僅在子宮內，還有當父母撫養我們，到處揹著我們，為我們穿衣，確保我們能好好長大。所以，我們會嚮往受到呵護和擁有安全感是再自然不過的事了。

同樣地，正常情況之下，我們總是先注意到什麼會危害我們的保護傘與安全感。因此，我們通常下意識往負面看，甚至在它出現前——如果我們害怕受到傷害，我們會用負面思考看待對方。**在感情關係中如果我們發現被欺騙或被背叛，我們總是先將對方視為有罪者，而不是無辜者。**

這導致我們的思維模式很消極。

我們通過言語表達我們的思想，我們以行為印證言語。我們和對方由行為來決定彼此之間的能量與平衡。

如果我們完全視對方為有罪者，靈魂就會只關注星球上的負面觀點和行為模式。

在充斥著黑暗、血腥、悲劇事件的世界中，我們往往看電視或打開報紙時，都必須面對在這個星球上的負面消息；我們工作時打開收音機或與其他人閒聊，會得知世界上發生了什麼可怕的事情；我們在辦公室聽到同事說，現在世界正處於經濟危機之中，因為缺乏需求，使危機越演越烈。

甚至我們回家後聽鄰居說，應該為自己準備防空洞的庫存糧食，因為世界就是我們唯一的戰場；有時才剛坐下看電視，就聽到政客說，世界上沒有一個安全的地方。

我們避免去可能發生恐怖攻擊的高風險場所，並且越來越受到焦慮限制自己。這是非常可悲的，我們的星球上發生了這麼多不人道的事情。這些不人道的事件應該使我們更加靠近彼此而完成更多美好的事。

如果我們每年捐獻一次給需要幫助的人，像是那些需要救助的母親、孩子和動物。我們只要捐出我們不要的支出，像是省下買咖啡、啤酒、香菸或酒的錢，我們就可以讓世界變成一個更美好的地方。

如此一來便將自己導向正面思考，這種思維會讓我們的靈魂更美好，帶給我們的積極的能量。

如果我們將這種思維應用在我們的關係中，先將對方看成無辜者，而非有罪者，這種積極的能量會強化我們的潛意識。

所以，我們也應該學習在關係中，把對方看成一位有積極能量的人。**我們應該看看對方的人生故事，並嘗試認識對方出於愛的行為——即使對他來說也許不是那麼容易。**我們應該學會以積極的眼光看待我們的伴侶，得以展現伴侶美好的靈魂。即使失望和傷害使我們很難看到伴侶的優點。

越來越多的警官也使用同樣的方法。他們先視嫌疑人為無辜者，而不是有罪的人。也就是說，他們不是去尋找證明嫌疑犯有罪的證據，而是去尋找證明他們無辜的證據。也只有當太少或完全沒有證據證明對方是無罪時，才會忽略他（她）是無辜的假設。

例如：當某人被懷疑偷了什麼東西時，會先去尋找被告沒有偷消失物件的證明。或者，調查被告在犯案時間是否正在做其他活動，或者尋找被告可靠的不在場證明。

「假定的有罪者」會先視為「假定的無辜者」。這種做法聽起來可能很荒謬，但有很多好處：

一、審問者會正向思考

也就是說，負責審問的警官或戀人、夫妻藉著這個方式，將他們的心思關注在人們及其生命中正向的一面。

可惜在很多情況下，審訊總是會帶有負面的效應。那些在身邊不斷看到罪犯的人，會讓自己的靈魂變得非常悲觀；思維模式會漸漸變得很有偏見。當我們不斷地在我們的伴侶身上看到說謊和外遇的跡象，也會產生同樣的情形。我們的思維會聚焦於負面，我們與外界溝通的接點（突觸）會只與負面內容相結合，例如：撒謊、被欺騙、被背叛或被忽視。這種思維方式造成了壓力，而受到壓力影響的所有系統和器官就跟著受苦。

但是，如果完全正面看待伴侶，情況就不同了。保持樂觀的思維模式，我們作為伴侶也會保持正面思考。我們覺得自由和富足。而一切都因此感謝我們：我們可以連結正向思考的大腦，連結我們的神經系統，以及所有與神經系統相連的系統和器官。

二、被欺騙的風險較低

大多數人會認為，如果在懷疑伴侶時把他當作無辜者，被欺騙的風險將會比較高。事實並非如此。

將伴侶視為無辜的人，將以完全不同的方式來處理此事。犯錯的伴侶不會想到你會視他為無辜者。也就是說，**你們的伴侶會以為只要用反駁論述來說服你們就好。更令他驚訝的是，當他意識到反駁論述對你們沒有任何意義，而你們只是在尋求兩人關係的和諧，並且想要證明他的無辜。**

因此，當我們尋求證據來證明他們是無辜時，等於要求所謂的無辜者提供積極的看法和觀點：他們積極的想法、生活野心和人生目標。**當我們以「你是無辜的」態度接近伴侶時，那麼他不需要藉著否定其行為來證明他的無辜**，而是必須提出與無辜相關的積極陳述。比如這樣的言論：「你知道我的人生目標是與你和孩子們一起生活在湖邊的美麗房子。」

因為他沒有想到會被要求說出快樂的一面，因而也毫無準備講述這些事情。如果他完全沒有，或只有一點點正面的事可以說，他也自然不會記下積極事項的細節。他將顯得毫無準備、手足無措，這麼一來，我們可以推測，這代表他處在內心愧疚的情況下。

正常情況下，他應該正式按下按鈕，列舉出能證明他清白的積極觀點。反之，他將完全不知所措，也不知道如何回答你的簡單提問。

嫌疑人若想編造出一個聽起來可信的答案，需要花幾秒鐘的時間。

在這種情況下，懷疑是更合理的：特別是對無辜者來說，隨時積極、愉快地分享他的想法是沒有問題的，因為他們是清白的，他們不需要否認負面陳述，而是提供正面陳述和想法。

例如：你相信朋友去了常去的酒吧和其他人喝酒，那麼我們也該學著看待伴侶為無辜者。因此我們不會問他看起來像有罪者的問題，也就是說不該這樣問他：

「你真的去那裡，還是你去別的地方？」（×）

「你真的和你的朋友碰面，還是和其他人？」（×）

這是讓伴侶看起來像做錯事，尋求不在場證明的典型問題。取而代之，我們應該提出把對方當成無辜者的問題——因他沒料到而沒有準備好答案的問題。比如：

「你喝了多少啤酒？你還可以開車嗎？」（〇）
「和朋友喝酒能讓你忘記工作、好好享受嗎？」（〇）

如果回答這些問題需要一些具體的細節，那麼伴侶就會被迫使用他的記憶力來喚回這些簡單的答案。基本上是很簡單的任務。任務很簡單，只要伴侶也真的描述事實。

三、能夠好好維持關係

因為這種思維模式能維持感情，將伴侶視為無罪者也會促進感情增溫。不只因為我們所散發的積極能量，還有因為用這種方式也比較少爭吵衝突。

一旦我們看待伴侶為有罪的人，我們就會假設「他可能沒有好好對待我們」，因而對他產生不信任感。

不信任感是感情的殺手。

不信任是人際關係中最大的危險之一。只要有可能，我們應該讓伴侶知道我們心裡對他充滿信任感。如果我們老是針對每一個不尋常的說法和行為，猜測哪一個可能是謊言或背叛，這種溝通方式會導致我們向伴侶傳達了「我們不相信他」。

這種可以感受到的不信任也會在他的心裡留下了傷痕：伴侶會去思考，為何你不信任他？同時將自己置於不可信任之人的角色中。他實際上沒有別的選擇，只能扮演邪惡的角色。結果是，他遲早會相信，你真的不相信他，然後有一天真的忽然出現讓你無法相信他的行為。

最終，他別無選擇，只有當他扮演強加在他身上的邪惡伴侶角色，他才能再度離開這個角色。否則他如何能逃離一個他從來沒有扮演過的角色呢？除非我們停止暗示伴侶不可信任。這段感情會因此感謝你。

這種方式的迷人之處是，完全看待伴侶為無辜者加強了你對伴侶的信任感，對你本身也有好處。

儘管如此，在伴侶欺騙我們的情況下，我們還是超前他一步，而且更快認出他的謊言。因為沒有伴侶會認為「他會被視為無辜」，通常只記得要否認，而不會事先準備這種簡單問題的具體答案。

與此同時，這種做法讓我們更樂觀，並保護了靈魂。因為沒有人該讓不好的經驗傷害他的靈魂。我們都有一個美好的靈魂，我們應該愛護祂，並用正面思考餵養祂。

3 為什麼他會開始說謊？

我們都了解那種被欺騙的感覺。我們和伴侶的感情似乎沒有好到讓他願意坦率地和我們分享真相。你們之間存在著信任的缺口，導致對方不願告訴你一切；也許伴侶害怕如果他說實話，我們就不愛他了。

謊言是信任缺口。如果我們檢視「謊言（lügen）」的詞源，就會發現他是從古高地德語「liogan」、「否認（leugnen）」、「拒絕（verneinen）」衍生而來。有猜測說，古高地德語「否認（leugnen）」和「洞」以及「缺口」屬於同語系。因此，信任基礎上的缺口和洞也塑造著這個詞本身的訊息。如果我們彼此稱呼對方為騙子，等於我們指出對方創造一個洞或缺口，這當然會危及信任基礎。

我們可以想像信任基礎為一個冰凍的湖泊，雖然有堅實的冰層可以讓人在上行走，但根據經驗隨時可能會破裂，而謊言就像這個冰層上的一個洞。這個洞是信任基礎的風險，是導致完全破裂、被傷害或者淹沒在負面感情中的風險。說謊對我們的意識以及潛意識都是一種明顯的威脅——即使我們能理解偶爾出於自我保護的謊言，因為它並非出於傷害對方的目的。如果我們對自己誠實，那麼我們大家必須承認，為了保護自己和別人已經說過好幾次謊了。

大自然賦予我們說謊的能力，好讓我們在危險情況下確保生存。比如說動物出於本能會假裝死亡，以便通過假象領先於具有威脅性的敵人一步。或者他們用欺騙手段來偷取另一隻動物的獵物。因此，說謊是受到威脅情況下的一種輔助工具。無法信任對方的這種威脅便是其一。因為信任的基礎便是相信對方。無法相信對方的人，也就沒有信任對方的能力。

「信任（Vertrauen」」一詞來自古高地德語「fertruen」這個字，起源於哥德語「trauan」，即「信任（trauen）」之意，屬於詞組「忠心」，即「穩固」或「堅強」或者「粗厚」之意。類似於冰凍的湖面，需要夠穩固、夠堅實、夠深厚才能讓人們在湖上為所欲為，例如：跳躍、跳舞，甚至溜冰。

謊言是信任的敵人。信任是堅實的冰層，而謊言則是空洞和缺口。

誠實也是謊言的缺席，讓自己信任其他人。我知道「可以相信他」的事實會形成信任。信任是共同連結安定的因素，是每段關係穩固的要素。如果我們想維持長期的良好連結，以便能夠透過共同連結獲得幸福、保持和諧的關係，彼此相互信任是達成這個目標的絕對基礎。

最美好的境界是，能夠好好做自己，而且知道伴侶愛著真實的自己；知道伴侶愛著自己的原貌，而不勉強自己符合別人期望的樣子。

不管有意識或無意識，如果我們發覺對方只因我們符合特定條件才愛我們，在這段關係中，對方是有條件愛著我們，只有當我們符合對方要求時才會被愛。這樣的話，我想優先提出的問題是，所謂的「條件」是什麼？

我們都同意，如果我們告訴伴侶，只有他常常和我們去看電影時才會愛他，或者如果他常常在家為我們燒飯煮菜才會愛他，這就是一種條件。

但是，如果我們期待我們的伴侶尊重我們的規範和價值觀，那也是一種條件嗎？和「有條件的愛」是相同的嗎？

作為一名治療師和培訓師，我多次被各種人告知「無條件的愛」才是愛的真理，不管發生什麼事，我們都要陪在對方身邊，守護他。

基本上，這是一個很美麗的想法，從前我也總是在我的感情關係中追逐這個目標，因而讓我說出諸如這樣的話：「不管怎樣！不管發生什麼事！只要我們待在一起！」一些墜入愛河時很快會說出的話。

但是，忘記自己的需求，即便被傷害仍然去愛，真的是我們應該做的事嗎？全力傾心愛慕一個傷害我們的人，而不願正視他對自己的傷害，真的是我們的人生目標嗎？

就我個人而言，我覺得「讓自己一次又一次被他人傷害」這個想法很有問題。就算經由精神壓力傷害我們的身體，甚至因其印痕傷害我們的靈魂。好像都還沒什麼！世人總是呼籲：沒關係，我們應該更堅強、再次鼓起勇氣，愛一個人應該勝過一切，甚至拋棄自己也在所不惜。

其實，「無條件的愛」不僅僅意味你要接受真實的對方；同時也意味你要接受真實的自己。我們應該尊重自己的價值觀，並同時允許自己要求伴侶也尊重我們。無條件的愛意味著「尊重、敬仰自己」，如同你愛伴侶一樣，好好愛自己。

我祝福你，能以真實的樣貌被愛，而愛情關係會像一個美妙的互動——彼此的愛會找到平衡。你們在愛情中，會保持良好的平衡、彼此互信互重。

4 看見真相的心機套話術

如果我們的直覺告訴我們，某些事情不對勁，我們應該要以理性深究此事。因為在這種情況下，我們大多會忙於我們的感受，此時我們更應該使用我們的理智。肚子（感覺）告訴你的事情，應該由頭腦（思考）來檢驗；相反地，頭腦（思考）相信的事情，肚子（感覺）可以透過心（感受）來檢驗。

如果我們覺得伴侶的某些行為很怪異，我們的直覺在正常情況下會告訴我們。這時，本書的正確提問技巧可以幫助你保持冷靜，用頭腦理性思考，而不是用「肚子（你的感覺）」來「思考」。

通過具體的心機套話術和使用理智，我們可以避免被對方愚弄。基本上，大多數人在面對愛情時，與情感相關的知覺（感覺、感受）總是占主導地位。

如果我們假設，除了五大身體器官之外，我們還有三種基本感知器官——頭腦、肚子和心臟。頭腦的任務是思考和理解，肚子的任務是感覺（包含預知和直覺），而心臟的任務是感受。

我們必須以理性思維，頭腦同時和肚子、心臟對抗。因此，至少透過正確的套話術，重點是當你提問時，必須把你的感覺、感受先擱在旁邊一會兒。

重要的是，這個心機套話術不會引起對方太強烈的情緒，為了避免對方的情緒掩蓋他陳述的內容。因此，你作為一個發問者，應該始終保持冷靜和理解，以便傳達給對方「我們，一切都很好。」只要我們作為發問者保持冷靜和放鬆，對方也會如此。

描述細節與反向敘述

欺騙你的人會很努力地構思，應該說些什麼讓你信以為真，但他們往往會犯下一個大錯。也就是，當他們自信地嘗試賦予謊言可信度時，卻忘記一些重要的事情。例如：所謂的第四維度——時間。

說謊者因為沒有真正體驗過虛構的事情，所以通常很難反向敘述他們的故事。如果你問對方：「那之前呢？在那之前，你在幹嘛？」

你可能會發覺，對方很難反過來敘述他的故事。因為那畢竟不是真正的記憶，只是虛構的想法。

而且虛構的故事通常沒辦法精準編造。這意味著，說謊者經常無法描繪具體的細節，因為他們根本沒有想過細節。如果你突然讓對方反向敘述故事的幾個橋段，然後問他一些更具體的細節，你應該就能夠判斷，那是真實的故事，或很遺憾地，只是虛構的情節。

2 用「你說過……」試探對方

擅長說謊的人不只需要特別有創意，也需要是一位很好的管理者。必須有把握管理所有謊言，總是讓正確的人得知正確的「實話」，簡直可以視為一門藝術。乍看之下這好像可能會奏效，但遲早像紙牌屋般的結構徹底崩潰。原因很簡單，謊言無法長期管理。

大部分的時間，說謊者也意識到他需要耗費很多精力，很努力才能避免露餡，也才能總是跟正確的人說出相應的謊言。我們可以在使用這種心機套話術時利用這個弱點：我們假設對方意識到這一點，就是他跟不同人說不同的謊話。因此，在談話中我們可以假裝理所當然似地突然告訴他，他曾經跟我們說過的事情和他記得的不一樣來困惑他。

例如：對方跟我們說，下班後他自己在常去的酒吧喝酒。但我們不相信這個說法；我們相信他和另一個女人一起約會。而且我們假設，工作時他也欺騙了他的同事。他也許跟這個同事說，他要去一個要好的女性朋友那裡，而去約會的路上他可能和某人講了電話，然後跟這個人說了不一樣的藉口。

所以，我們要利用這個弱點，**假裝對方跟我們說了有一點點不同的故事。也就是說，我們基本上針對對方說的事實，但會添加一點點變化進去。**

在上述的例子裡，如果我們的伴侶跟我們說，下班後他在常去的酒吧，我們要理所當然似地說：「你說過，你不會在下班後馬上去酒吧的呀！」

但是，這只有在我們的伴侶有機會灌輸我們某種「事實」，而且從此後過了一段時間，以至於他可能不再記得他自己說過的細節時才有效。

而且，這種心機套話術只有在對方知道，基本上他可能隨時露出馬腳的情況下才有效。也就是說，如果他沒有告訴任何人這件事，並且知道肯定沒有任何露餡的可能，事情就會變得更加困難。如果對方針對你的評論有一絲猶豫，而且可以看出有明顯的不確定性，則值得繼續關注這件事。

如果他的回答卻是：「什麼？當然囉！下班後我就去了酒吧！我不可能說這種話，因為不是這樣的。」那麼我們可以假設，對方說了真相，不然就是他知道自己不可能露餡。在這種情況下，我們必須跟對方承認我們弄錯了，好讓自己溜出這個測試區。

使用這個技巧的重點在於，我們要用很平靜的聲音，和理所當然的態度說出我們的測試聲明「你說過……」，好讓對方明白我們已經接受他的話。這種平靜態度會讓對方不會想要反駁。假使對方沒有反駁提問內容，那麼我們可以假設，我們的猜想可能有些真實，我們的猜測可能真的符合真相，他或許真的跟另一個女人見面。

3 讓對方覺得那是件小事

這個心機套話術使用了一點責備的技巧。更確切地說，你故意指責對方做出非常糟糕的事（需要比你猜測他做出的事情更糟糕）。同時你要讓對方知道，你可以接受他的行為，那些非常糟糕的事情對你們的關係是無害的。那些指責不該引起對方強烈的情緒——他應該覺得和你的談話舒服、愉快且正面。

重要的是，在整個對話過程中始終保持理解和建設性。向對方表明你的目標是，通過釐清事實來建立一個美麗、乾淨的感情基礎——即使你這麼說只是為了引誘對方告訴你實情。

例如，你懷疑伴侶正在偷偷與其他女人傳簡訊或電子郵件。具體來說，你將開始如下的對話：「是這樣子的，我想和你談談某些事情。因為我相信，如果我們彼此解釋清楚某些事情，我們就能夠好好維持感情。基本上，我是一個非常寬容的人，因為我相信，所有人都會犯錯，世界上沒有完美的人。我認為即使是關係中的錯誤也會加強我們彼此的信念，並且通過錯誤更能好好相互了解。所以，我會原諒你。因為我相信你和另一個女人有性關係。因為我相信寬恕錯誤會帶來很多美好的事。如果你與其他女人調情或傳簡訊，我也會原諒你。雖然去原諒外遇很難，但我會盡我所能。這正是我現在跟你說話的原因。」

這迫使對方回答或反應。如果對方相信你，他與其他女性聊天的行為仍在你的容忍範圍內，也許他會有勇氣承認，因為他剛剛得知，即使是更糟糕的行為「性外遇」，你仍然可以容忍。

這種心機套話術是建立在這樣的基本概念之上，即是，伴侶被指責比實際上真正做過的更糟糕的事情。在這樣做的時候，雖然將相信他暗中做出的事放入對話中，但卻將其定位為非常無害的芝麻小事。在談話中故意忽略這一個行為，因為指責了對方更糟的事情。他的潛意識理解到他的行為仍然在可接受的範圍內，因此他仍然有某種緩衝。他會試圖承認自己的行為（與其他女人傳簡訊），並最終擺脫帶在身上的沉重祕密。

此外，這段談話傳達了一個訊息，即使他承認最糟糕的行為也不會構成危險，因為他被賦予非常大的寬容。同時對他來說，這似乎也是一個最好的機會，讓彼此更坦白、關係更緊密，能夠持續在一起的機會。

4 假裝我們知道的內情比表面上還多

正如這種心機套話術字面上的意思，這個技巧是基於虛張聲勢。也就是說，我們作為發問者，假裝我們知道的內情比實際上更多。

基本上，這個技巧非常簡單，我們質問伴侶，說我們知道一些他試圖隱瞞的事情。比如，一個錯誤。而且，因為我們假裝已經知道這個錯誤，所以我們不會去問他這是不是真的。

相反地，我們要求他提供對我們聲稱「至關重要的具體細節」。重要的是，我們並不確切地說，關於他的錯誤我們知道些什麼，因為它只是一個虛張聲勢。

舉例來說：我們覺得伴侶與另一個女人見面或外遇。我們可以像這樣質問他：「對我來說重要的是，你知道我們關係中的任何錯誤都可以使感情變得更穩固。我可以原諒很多事情，並且確信我們可以從所有錯誤中學到某些東西。因此，我希望你知道我清楚你的錯誤。剛開始我覺得很痛苦，但後來我冷靜下來，現在決定往前看。我確信我們可以一起面對。但請告訴我：你是第一次這樣做，還是以前也發生過？現在請不要騙我——這沒有任何意義，那只會讓事情變得更糟。只要告訴我，這是否是第一次。」

如果對方已經多次犯了某種錯誤，他現在有機會說出整個事實。也可能他輕忽自己的行為，並說謊說這只發生過一次。也有可能他不會說出最糟糕的錯誤，而只說出他比較輕微的錯誤。

然而重要的是：他之後怎麼說——他認錯並解釋他的行為。而且他懺悔於自己的錯誤，總比完全沒有得好。因為這也提供我們一個了解對方如何思考其作為的啟示。

在虛張聲勢時保持冷靜和理解是非常重要的，這樣對方才有勇氣承認他的錯誤。

5 假裝他做錯事等於愛你

這種非常奇特的心機套話術是站在矛盾的立場上——那就是假裝壞事實際上非常好的悖論。對方突然勇於承認原本糟糕的事。

應用這種技巧的人，必須很有創造力，因為需要將對方可能的不當行為描繪為對這段關係有所益處，甚至是令人嚮往的。

例如：想像你的伴侶對你撒謊。該方法可以用以下風格來嘗試：「對我來說，能感覺到你愛我很重要。而真正愛人的人，也害怕失去對方。出於這種恐懼，人們或多或少會說謊以免嚇走所愛之人。但在過去的幾個月裡，你這樣誠實，這讓我感到害怕。因為如果你真的愛我，那麼你已經會對我撒謊了。請告訴我，你何時對我撒謊？這樣我才能確信，我對你很重要。如此重要到以至於你害怕失去我，因而對我撒謊。請向我證明你愛我，並告訴我你隱瞞了我什麼。」

這種技巧是屬於掩耳盜鈴的手段，亦即從人們猜測的對方錯誤中找尋正面的東西，以便使對方有勇氣說出來。

同時，這項技巧也有神奇的附加價值：它教導我們隨時隨地看到積極的一面。當提問者試圖向對方展示，為什麼所謂的錯誤甚至是非常正面時，如果提問者自己本身在談話中突然感到內在的平靜和放鬆，我一點都不會感到驚訝。

5 分辨四種類型的說謊者

「自己很重要」是我們的信念，保護我們免於受傷和失望。這種自愛的表現。出於對自己的愛，持續創造美好的體驗，更重要的是，允許自己「在伴侶的懷抱中療癒，享受這段關係」。讓自己信任對方，而不必經常質疑他的話是否屬實。

對於一段關係來說，幾乎沒有比一直不信任更危險的事情。「不信任」對於愛情關係就像毒藥，但是它同時也可以保護你免受傷害，讓你逃過一劫。

「不信任」就像一件巨大的防護衣。只要我們穿上這件防護衣，我們再也不會因伴侶觸動感情。就算被撫摸也感到麻木，對擁抱感到陌生，而且不可能再去渴望愛撫。

與此同時，可以在適當的時候，防護衣能夠保護我們，避免造成一生都無法抹滅的傷害；也避免我們再次像過去一樣，因太快盲目信任對方而受到傷害。

這裡所指的傷害，並不是那些身體的長期疼痛和物質的巨大損失，更多的是心理的感情印痕。夜晚入睡前聽到的那些話，一遍又一遍在腦海裡重播。不管是讓我們陷入無限循環的痛苦，或者讓我們覺得自己不夠好的感覺，都會造成心理上的創傷。

那是不信任造成的精神印痕。我們並不想在我們的生活中擁有不信任感，更不想要每次我們一受傷，不信任就像電腦程式般在身上顯現出來，隨著時間的推移開始自動運行。

為了避免被說謊者傷害，在他們造成永久的傷害之前，我們需要一種能夠揭發他們的技巧。因此，下面我要向你介紹四種類型的說謊者：犀牛、鹿、變色龍和蛇。

1 犀牛型

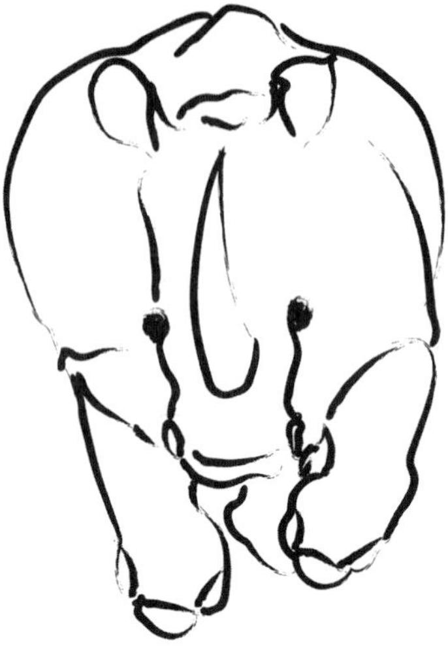

就謊言而言，這種說謊者按照「固執己見」的原則行事。說謊方式屬於犀牛類型的人，相信如果他們擊倒所有懷疑論者和批評者，他們將是最可信的。就像犀牛一樣：用前面的武器——鼻子上的角——乾脆衝撞並關閉所有潛在的危險來源。犀牛很清楚自己的能力，一秒都不會懷疑其行為的正確性。

犀牛型說謊者試圖以過於明確的信念和自信心來將謊言當作真理。**他們相信，當他們很有自信地說出謊言時，就可以提升謊言的可信度**。自信是人為掩蓋其弱點的面具。

分辨犀牛的方式是，他們通常會無意識地很大聲、很清楚地說出假話。他們敘述時，經常會加入過多的具體細節，以加強故事的

真實性。

因此，延續前文用「與同事喝酒」這個例子，犀牛會這麼表現——**他會囉唆地大聲抱怨上述餐廳的啤酒價格昂貴**。犀牛型說謊者相信，通過記住不重要的細節，可以讓自己的謊言更可信。只是他們沒有意識到，這些細節對發問者來說一點都不重要，而且他們也常因提到這些小事反而露出馬腳。

除此之外，犀牛的另一個顯著特徵是，他們大量使用眼神接觸。**他們會密集且率直地看著對方的眼睛**，他相信如此可以清楚地傳達：「看！我就是因為毫無心虛，才敢持續直視你的眼睛。」他們以為飄離的眼神會讓他們的謊言露餡。但是，他們沒有意識到，這種不必要的眼神密集接觸，反而使得他們受到懷疑。

非語言上，**犀牛往往因做作的身體姿勢和跨張的肢體語言露出馬腳**，例如：非常戲劇性地擺動雙手，臉部表情也特別誇張，導致他看起來很做作。如果被指責，他們會皺眉，然後大幅度地搖頭，表現出最震驚的表情，用許多情緒來掩飾自己的謊言。他們認為表現出越多的情緒，他們就越可信。

此時，值得注意的是，那些確保人類生存的大腦區域明顯變得更活躍，當人遇到諸如攻擊、逃難、生死交關等原始需求時，身體會啟動的自然反應。當大腦的這區域活躍起來，會大量供應血液到身體四肢。我們腿和腳的肌肉必須血液充足，這樣才能盡可能跑得很快；而我們手臂和手掌的肌肉也必須血流順暢，這樣才能在決鬥中變得強大。

犀牛型說謊者也是如此引人注目，例如：**他們會通過自己的手掌、手臂、腿和腳釋放大量的能量。導致雙手過度揮動，不斷變換腿和腳的位置，或是忍不住一直搖晃雙腿，或者做出一些多餘的動作。**

犀牛型說謊者的危險之處在於，他們以這樣的強度暗示謊言，以至於有一天他們自己會相信這個謊言。

一旦他們堅信自己的謊言，真相就會受到很大的壓制，以至於幾乎不可能記得起來。在最壞的情況下，即使犀牛型說謊者試圖提醒自己也記不起來了：只要內容被歸類為多餘，我們的大腦總有一天會刪除它們，或者從意識中分離。沉睡於潛意識中的真相，將不再保留意識的入口。因此，認出犀牛型說謊者是很重要的，避免他們太沉溺謊言，而使得我們承擔永遠無法得知真相的風險。

讓犀牛型說謊者現出原形的方式是，以相同的交流強度面對他！

也就是說，要像他自己那樣大聲且清晰地說話。因為一般來說，他們相信，他們可以用自己的力量來掩蓋謊言。但是，如果讓他們明白你可以比他們強壯，他們通常會鬆口洩露他們的祕密。

★犀牛型說謊者的特徵

・響亮的聲音
・說話清晰
・明確強調不重要的細節
・密切的眼神接觸
・過度強烈的身體語言

揭露方法：用比他們自己更強烈的交流方式面對他們，以及假設他們在撒謊。

2 鹿型

像「小鹿」的說謊者正好和犀牛型說謊者相反。如果問他們撒謊背後的事實，他們會呆住，像一隻站在馬路中間被車燈亮到刺眼而呆住的小鹿。

鹿型說謊者認為，如果他們和對方溝通越少，他們就越不容易露出馬腳。因此，當你提到他們的謊言時，他們會盡量少說話。

同時他們會表現出呆住的樣子。他們會待在原地不動，雙手和身體很明顯變得僵硬，不傳遞任何訊息。往往會保持聲音語調不變，不然就會更安靜。減少溝通的原因是，鹿型說謊者沒有什麼自信，並且大多已經體驗過，說話也許是銀，但沉默是金。

他們的眼神會一直飄移，因為他們擔心不自然的眼神會被對方發現，他們就像鹿一樣備感威脅。他們想表現出他們一切都很好，而且他們很自在的樣子。

事實上，他們覺得很不自在，但不想讓人察覺這一點，否則對方可能會聞到恐懼而更接近他們。

鹿型說謊者試圖不讓你的注意力集中在他們身上。當他們覺得快被揭穿的時候，他們就會減少情緒交流，所以他們幾乎面無表情。鹿型說謊者不想做任何可能會讓他事後後悔的事情。他相信在語言上、非語言上、內容上都盡可能不做任何表示或透露很少情緒，會讓他成功安全過關。鹿型說謊者會變得話很少，然後非常委婉地趕緊轉移話題。他們想以最快的速度逃離現場或擺脫被針對，就像鹿在自然界中一樣。

因此，鹿型說謊者會乾脆避免潛在的危險區域。這在鹿型說謊者身上完全可能發生！他們會真的乾脆逃跑，或找一個藉口很快離開談話。他們認為如此能證明他們完全是無辜的。

鹿型說謊者忘記，他們不能不溝通。

如果逼迫他們，他們會認為必須堅持自己的謊言才能聽起來更可信。因此，不應該逼迫他們，而是乾脆忽略他們。

因為如果有鹿型說謊者不喜歡的東西，那就是受別人忽視：他們對別人拒絕他，或帶有漠視他的手勢與話語都有超級敏感的反應。**只要你一忽視他們，他們就會追著你，自己揭露他們的祕密。**

★鹿型說謊者的特徵

- 少量的肢體語言
- 少說話
- 飄移的眼神
- 希望吸引最少的注意力
- 委婉地將談話導引到另外一個話題
- 顯示較少的情緒
- 顯示較少的面部表情

揭露方法：忽略他們的說謊行為，直到鹿型說謊者自己說出真相。

3 變色龍型

變色龍型說謊者是真正的說謊天才。他們掌握了說話的藝術，了解對方想要看什麼和聽什麼。而且由於他們是變身藝術家，他們可以不斷調整他們的溝通方式和內容，好讓他們不被懷疑。這是他們無意識的行為。他們不斷地變化。因此，很難確認變色龍的特徵。

變色龍型說謊者是一個出色的分析師，他確切知道該用什麼方式說謊，好讓對方相信自己。因為他們害怕衝突，所以會不斷地改變他們的樣子。

與犀牛型和鹿型相反的是，這種類型的說謊者並不會攻擊或逃跑，而是在棘手情況下，試圖通過調整樣子來拯救自己。如果有人在自然狀態下觀察變色龍型說謊者，則可以識別出他明顯的情緒波動。變色龍型說謊者是沒有固定人格特質的人，他們的人格是由不同特質所構成。

這種說謊者的最終目標是成為受歡迎的人，所以他們樂意為他人犧牲自己——也就是說，他們的行為模式會符合對方期望的樣子，而不是自己希望的樣子。

他們下意識地覺得正在犧牲自己。但是，如果變色龍型說謊者堅持自己的需求，他們可能會更加痛苦：因為他們冒著別人可能不喜歡他們，而可能有弄壞名聲的危險。

變色龍型說謊者可以同時做很多事。與自然界的變色龍類似，其眼睛可以朝不同的方向看，這種類型的說謊者可以對不同的人說不同的話。他自己很清楚，他為了達到目的到處說不同的話，協調不同的說法。為了不破壞謊言結構，耗費大量的精力。

為了表明他們是我們的夥伴，他們會採納我們的意見和觀點，甚至模仿我們說話的方式。但是只有初學者會使用後者：有經驗的變色龍型說謊者知道，複製語言會讓他們露餡，因此有意識地選擇使用同義詞。

揭露變色龍型說謊者的唯一方法是，對他臨時改變我們的想法。例如：徹底改變你的觀點，然後觀察他是否會跟著調整順應你的新觀點。當然，這個先決條件是你已經和他談過某個話題，並知道了他的意見，如果他真的是個變色龍型說謊者，那他就會跟隨你的新觀點轉換他的意見。

證明對方是變色龍型的另一種方法是，當他在非常不同的私人環境中，與我們不同社交圈的人在一起時在旁觀察他。**一個真正的變色龍型說謊者會根據這裡的人們的想法改變他的說詞，而不會維持和我們在一起時分享的意見。**

★變色龍型說謊者的特徵

- 在其他環境時改變意見
- 一旦我們意見改變，也會跟著改變意見
- 與我們的溝通相似
- 使用和我們同樣的話語（或同義詞）
- 不會說出與我們不同的意見
- 既不樂意攻擊，也不樂意逃跑
- 嘗試通過調整避免爭論
- 犧牲自己

揭露方法：在不同的環境觀察他們，在他們突然改變主意時質問他們。

4 蛇型

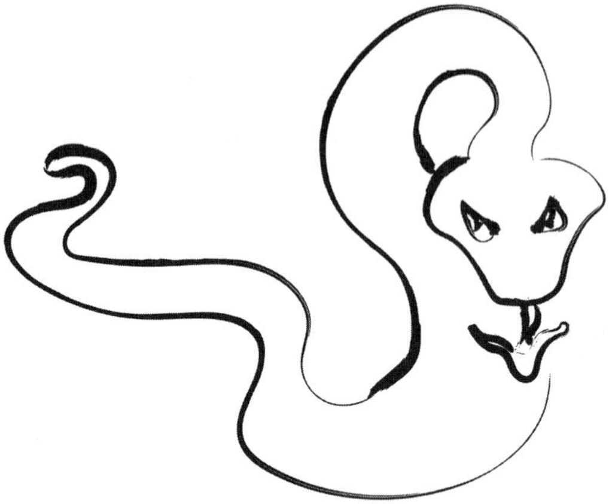

最難看透的說謊者就是蛇型說謊者。蛇型說謊者不會定位自己像犀牛型說謊者如此極端外向，也不會像鹿型說謊者如此內向，或者像變色龍型說謊者因他人調整自己。

蛇型說謊者通常很引人注目，他們喜歡領導和操縱其他人。他們往往為了自己的利益而操弄對方的弱點，讓他們最終可以悄悄地擺脫困境，逃避責任。

由於蛇型說謊者清楚摸透對方的底細，會故意引導話題到對方的弱點，將對方推入痛苦和恐懼的深坑中。因為蛇型說謊者刻意提醒我們回憶那些令人恐懼和造成內心傷痕的人事物，由於我們想要克服這些恐懼和弱點，所以會自動關注蛇型說謊者的言論。因為我們無法隱藏自己的恐懼和擔憂。

蛇型說謊者真正操縱的事情是，他們總是把自己放在受害者的位置上。就像蛇準備攻擊你的姿態一樣，蛇型說謊者會表現出他們無所畏懼、毫無破綻的樣子，或者暗示對方的恐懼和弱點遠遠多過自己。

因此，他們擅長利用對方的恐懼，並假裝他們能夠幫助對方。他們會表示理解我們的恐懼，好讓我們認為，我們之所以會懷疑他們，是因為自己的過去經驗和心靈印痕。蛇型說謊者會將過錯引導成對方的問題，即使他們做了一些真的不公平的事情，也會將其責任推給對方。結果，蛇型說謊者加深了對方的傷痕和恐懼。

一旦談話遠離了「指控蛇型說謊者」的主題，他就會趁機變換話題，讓人完全不能追究他的責任。即使有人嘗試追問其行為，蛇型說謊者也會以對方想法太負面來為自己辯護，並表明他們總是想得比對方更正確。

這種類型特別引人注目的是，**他不太會分享自己的事情，但會想知道很多關於對方的事情**。但是，也有更厲害的說謊者會故意分享生活中的某些內容，以便對方與他們分享相似的內容。

不幸的是，這些蛇型說謊者的故事大多是虛構的，所以他們總是占上風。

基本上，蛇型說謊者的自尊心很高，這就是為什麼他們總是想占對方便宜。我們可以假設：如果有一天能夠抓住他們的把柄，不讓他們溜走，最終使他們坦白一切。然而基本上，他們總是想要成為「由他說了算」的人，以示高人一等。

蛇型說謊者的最大特色在於當他們的意見與對方相佐時，會強迫別人同意他們的意見。蛇型說謊者希望他們的伴侶接受自己的意見。如果有人一直反駁他們，他們會完全無法接受——這妨礙了想讓別人崇拜他們的目標。

和變色龍型說謊者十分不同，如果有必要的話，**他們會運用極具攻擊性的策略。藉由攻擊對方和咬住其弱點，展示他們更大的權力和更高的地位。**

因此，蛇型說謊者通常能言善辯，這使得揭穿他們更加困難。**因此，揭穿他們的少數方法之一就是「正面拆穿」他們，表示我們已經看透他們的操縱遊戲。**蛇型說謊者相信，只有他們自己才知道，他們正試圖通過操縱來影響情勢，扭轉局面為有利的情況。但是，如果直接告訴他們：「我已經看透你的操縱遊戲：你試圖讓我良心不安，將焦點轉到我身上」，這樣做他們通常會投降。

★蛇型說謊者的特徵

- 想知道很多關於對方的事
- 想要凌駕於別人之上
- 想要始終領先一步
- 具有侵略性
- 厚顏無恥地利用對方的弱點
- 能言善辯
- 想要人們能接受他們的意見
- 棘手情勢下會將談話引導到對方弱點
- 永遠是對的，所以凌駕於別人之上

揭露方法：直接指出，已經看透他們的操縱遊戲。

5 綜合型

說謊者也可能會改變其角色。這意味著，我們也會改變說謊的方式，有時也會受到交往對象的類型影響。所以，可能我們在工作環境中是鹿型說謊者，但在家裡卻是犀牛型說謊者。

然而重要的是，**找出你的伴侶面對你時是哪種類型的說謊者**。因為他面對你時的類型，通常是一種穩定的類型，其他部分只會隨著環境而變化。所以，對方也可能是同時包含兩種類型的說謊者，例如：犀牛和蛇的混合型。

在被指控說謊時，犀牛和蛇的混合型

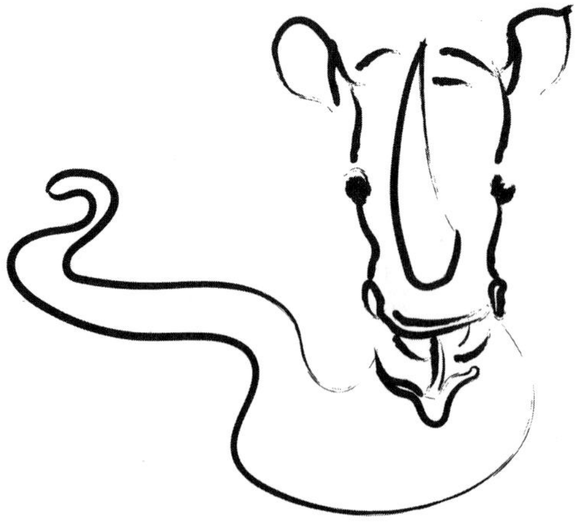

會像蛇一樣想要居高臨下地操縱他人，以犀牛的衝撞方式攻擊對方。

另一種由變色龍和鹿組成的混合型。這種類型的特徵在於運用變色龍的能力，即調整自己以適應對方，不樹立敵人。與此同時，他試圖以鹿的方式盡可能快速逃離現場。

我們身上都潛藏所有說謊類型的能力。所以，我們每個人都有犀牛、鹿、變色龍和蛇的部分特質。然而，我們不同程度的人格結構也塑造出不同程度的說謊者類型。也就是說，我們會因為我們的個性，而偏向四種類型的其中一種方式說謊。但是，我們也可能在環境改變時，轉換我們的說謊方式。

最難以理解的是綜合型說謊者。這種類型的說謊者對於四種說謊者類型的能力如魚得水，他們在說謊者刻度圖表中定位非常居中。

綜合型（犀牛型＋鹿型＋變色龍型＋蛇型）說謊者撒謊時面不改色。主要只是因為，他們還沒決定要用哪種特定類型面對我們。人們可以假設他們仍處於尋找階段，並且必須找出他們面對我們的角色：可能是顯著的角色如犀牛，害羞的角色如鹿，自我犧牲的角色如變色龍，或操縱的角色就像蛇。

最容易看透這類型的測試方式就是，你突然指控他們一些莫須有的事情，就能看出他們的真實反應。例如，突然問他這種毫無根據的問題：「你今天根本沒去上班，對吧？」這種非常嚴重的指控，會讓對方顯露出最真實的自然反應。因此，你可以把對方的反應看作被指責說謊時的反應。**當你提出懷疑綜合型說謊者的合理說法時，如果他的反應非常不同，就可以假定此事更該深入探究追查。**

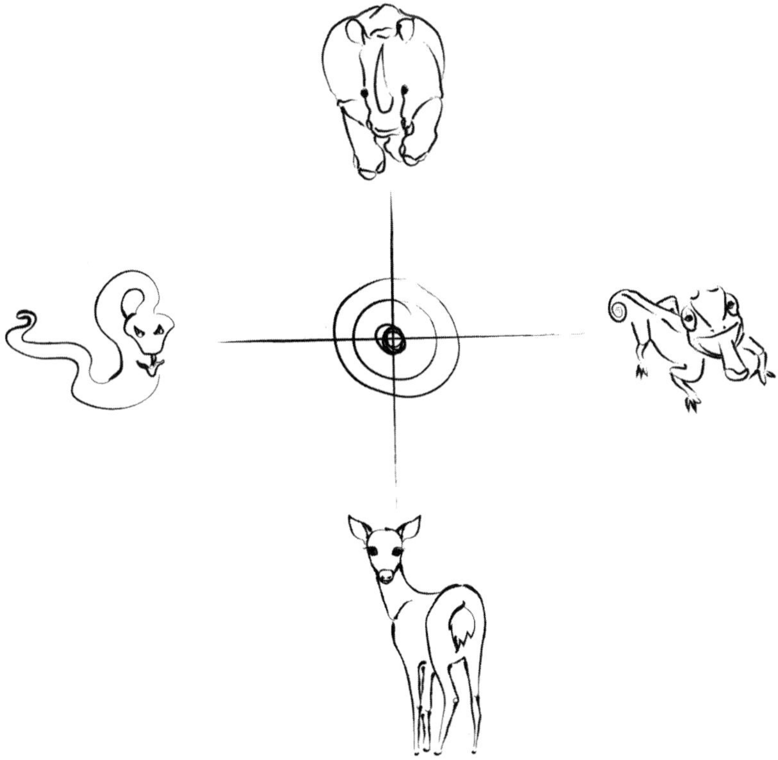

6 在愛情裡守護我們的價值觀

每個人身上都帶著非常根深蒂固的價值觀。我們守護能夠肯定自我的價值觀。這些價值觀往往能夠帶來許多美好的感受。我們和喜歡的人在一起，希望他能夠接受我們真實樣貌；希望他給我們安全感；希望他和我們擁有相同的價值觀，並理解、接受我們的價值觀。

我們崇拜和保護的人生宮殿將會成為我們的核心價值觀。只有之前通過某些測試的人可以進入這座宮殿。因為進入這座宮殿的人，可能會損壞價值連城的珍寶。因此，我們會再三思量，誰可以進入我們的宮殿。在這座宮殿裡存放的許多價值觀都非常脆弱，因此，只能由那些帶著絲絨手套的人來觸摸。

不幸的是，我們往往事後才發現，那些進入自己宮殿的人當中，某些一直在欺騙我們的人破壞了許多價值觀。出於這個原因，我們為自己設定了一些理性條件：「如果我為之敞開心扉的人做出這樣或那樣的事情，那麼我會立即離開他！」

我們似乎總是很確定這樣的原則，但最終卻又是另一回事。

人生中常常出現例外。我們可能為自己制定了一個原則，例如：「如果我的男朋友和前女友再聯絡，我會立刻和他分手！」

實際上，當對方逼迫你暫時無視，甚至違反這些原則時，事情會變得很驚險，令人十分緊張。我們都曾經面對這種情況，如果我們想給別人「一個機會」。有一次機會，就會有第二次，然後是第三次，接著是第四次和第五次機會。我們會突然發現，自己重新定義了在交往前或交往初期建立的所有價值觀。

唯有愛使你改變，這是很美麗的過程。因為愛的力量確實比任何東西都更強大。愛就是愛，無需理由。愛不求原諒。我認為愛充滿神性，愛存在於每個人身上。

如果因為愛，你現在想要一個新的價值觀，那麼就該擬定新的價值觀。在遇見伴侶之後，我們會直接修改那些舊的價值觀。我們無需任何理由就能直接修訂舊的價值觀，不需經由誰的同意，這就是愛的特殊之處。

但是，如果我們不是因為愛一個人而修改我們真正的價值觀，而是出於恐懼，害怕

被拋棄，害怕孤單，害怕不夠好。那就不同了。

每個人都有自己的價值觀——每個人定義自己的種種價值觀應該佔據人生多少分量。然而我們應該正視的是，如果你因恐懼而決定忽視自己，不是因愛的正能量而決定修正價值觀，那麼你只是因為害怕內心受傷。

這個問題讓我想起在瑞士的催眠療法診所執業時遇到的一個個案，一位年輕女孩預約了我的療程。**她的困擾是，為了維持與男朋友的關係，必須忽視自己許多的價值觀。**

她提出了自己的看法：「如果我堅持自己的價值觀，我就必須和男朋友分手。」

我問她究竟忽視了哪些價值觀？她回答說：「我以前總是說，我無法忍受另一半背叛我。如果男朋友這樣，那肯定很倒楣，但是現在我居然能接受這種事。」我問：「對你來說，什麼叫做『倒楣』？」她回說：「例如，如果可以用酒精來合理化事情的話，在酒精的強烈影響之下，大腦會關閉理智，身體會憑藉原始本能運作。」

我問她在他們之間是否發生過類似的事情。她回說：「是的，我的男朋友背叛我了。他住在離我約三個半小時車程的地方，所以我們是遠距離戀愛。如我所希望的那樣，一般來說，我們每星期見面一到兩次。」

我說：「你非常清醒地談論著你男朋友背叛的事情。你已經能處理得很好了嗎？」

她停了片刻，「是的，某種程度上來說，我已經原諒他了。因為在那件事之後，我們談了很多次，討論關於那件事的過程和原因。正如我猜測的那樣！他去朋友家參加私人派對。事前他們和我男朋友說好，要一起留下來過夜。因為他們會喝酒，當晚不方便開車回家。事後，他和他最好的朋友告訴我，當晚他們喝了很多酒，而我男朋友喝醉時，那裡的一頭母牛就跟他調情起來了。我男朋友說，他只記得一點點片段，但他不想再去回憶那晚的性愛。嚴格來講，是她強迫我男朋友，根本就像她強暴我男朋友。因為我確

信，如果他頭腦清醒，他就不會做這樣的事情。」

我問她，那麼她今天來有什麼想問的問題？她關心什麼？

她繼續說道：「因為我心底仍在懷疑這件事。當我知道他和朋友在迪斯可舞廳裡，或者當他有特別的活動，比如參加我以前從未見過的女性朋友的生日宴會時，我常常無法擺脫我的負面想法。所以，有一天，當他在洗手間的時候，我看了他手機上的簡訊。我看到他與他前女友互傳的訊息。那一刻，我幾乎在內心裡狂哭和尖叫。但是，我不露痕跡，並希望在接下來的幾天中查出，兩人是否真的再次聯絡。我在臉書和各種社交媒體上尋找他們來往的線索。我看到，他前女友從四月二十四日開始就在他臉書上對所有照片按「讚」。他們可能在四月二十三日或二十四日碰面的想法撕咬著我的內心。我好想和他談談這件事，但我很害怕。」

我問她到底害怕什麼。她表示：「我這樣做是正確的嗎？我偷看了他的手機。我想如果我告訴他這件事，他會反應非常激烈。」

我問她：「你覺得他仍然愛著前女友嗎？」

她立刻毫不猶豫地說：「是的，我認為如果他們真的又開始見面，那他可能已經重新愛上她。因為我們剛認識時，他說暫時還不想要開始一段新的戀情，因為他仍處在與前女友分手的痛苦中。那時他甚至清楚告訴我，他無法想像和我發展戀情，因為他對他的前女友仍然有太多的感情。然後有一天，他說他走出了對她的感情而想要和我在一起。但我相信，如果他能讓她回到身邊，他會馬上為了她離開我。」

有片刻的時間，我什麼也沒說。之後我問道：「如果你告訴他，出於這些合理的懷疑，你翻閱了他的手機。你覺得會發生什麼事？你有深深的恐懼，但不想讓他因此有負擔？你只是想知道，一切都好，而不想和他吵架。你覺得，如果你向他解釋這一點，並且就事論事、冷靜地與他溝通，他會有什麼反應？」

她不加思索地回答：「我認為他會對我非常失望。」

她說：「那麼也許他會想分手。」

我問：「然後呢？」

我繼續問道：「然後呢？」

她回答說：「那我會非常痛苦。」

我問：「然後呢？」

她緊抿嘴唇、壓抑情緒，眼角泛著淚。

然後，她帶著輕微啜泣聲說：「那我就必須離開他了。我必須放手。」

我問：「然後呢？」

她仍然邊哭邊說：「然後，我可能必須看著他和前女友重新復合。」

我問：「然後呢？」

她拿了一張面紙拭淚。之後，她非常無助地說：「我也不知道了。」

我等了兩秒鐘，然後慢慢向前靠近她，說道：「我知道接下來你會如何。接下來你會很快認清，如果他這樣對你，他就不是對的人。難道你真的活該被這樣對待嗎？尤其他有一次外遇紀錄後，難道你不該有機會解釋，為什麼你會翻看他的手機？你真的活該忽視自己的所有價值觀嗎？你必須只能接受對方的價值觀嗎？你只是想要他好好解釋清楚，確認他對你的感情，真的要求太多了嗎？我現在要告訴你一件事情：如果你男朋友因此想結束這段關係，他反正不會是對的男人。明白了嗎？」她點了點頭。哭了。

在療程期間，我與她一起制定了一項策略，確定她應該告訴他什麼，以便他們可以交談得更深入，可以好好釐清一切。在這場對話中，雙方應該都要接受對方價值觀，以便在接受價值觀時，彼此能夠建立平衡的關係。

她離開了我的診所，大約一個星期後，給我發了一則語音訊息，她說她過得很好，因為她終於可以與他好好溝通。整體來說，他們彼此都很平靜，積極聆聽彼此的內心話。他們仍繼續在一起，通過這次的對話，他們又向前邁進了一大步，感情更緊密了。從各種層面來看，他們之間的連結變得更新鮮、更深層、更美麗。

這是多麼美好的消息，我打從心底為他們高興。這個案例讓我們更清楚一件事，關注自己的價值觀，與關注自己的身體和靈魂一樣重要。價值觀屬於我們的一部分。我們可以修改它，如同我們也可以雕塑我們的身體。然而，最重要的是，我們應該對於目前堅守的價值觀感到滿意和快樂。

7 對付操縱者的方法

那是一個沉悶的冬日。路面積雪泥濘。我把手放在外套口袋裡，把我的公事包夾在我的手臂下，走進位於市中心的辦公大樓。坐在櫃檯內接待的女士記下我的名字，請我在大廳接待區稍坐一會兒。她問我是否要喝杯咖啡？我謝絕了她。那是個好決定，因為在片刻之後，一個年輕、充滿活力的女人突然站在我面前，友善地招呼我：「抱歉讓你久等了，請跟我進來。」

我們一起進入電梯，往上幾層樓。然後我們進入走廊盡頭的會議室。房間裡有一張巨大的橢圓形木桌，旁邊擺放著大約十二張椅子。她暗示我最好坐在橢圓桌子的最頂端，接著遞給我一杯水。她請我稍等一會兒，說老闆馬上來，然後離開了房間。

我耐心地等了幾分鐘後，剛才那個女人突然打開門，再次進來。她老闆仍然不見蹤跡。她說老闆隨時會加入會議，然後坐在我的右邊，把她的筆記本和原子筆放在前面。

當她開始做筆記時，她老闆才突然打開門進來。他穿上正式的西裝外套，帶著一個公事包。在問候我之後，他在我的左邊坐下，剛好面對著他的祕書，並且先介紹她給我認識。

之後，我們馬上進入正式的會議：討論我可以為他的公司提供什麼服務。具體來說，他想要我指導公司團隊如何學會潛意識溝通。對我來說，這種會議並不少見。事實上，越來越多的公司意識到員工與客戶之間溝通良好是最重要的事情。舉一個明顯的例子，像是我們在一家餐廳享用美食，但它的服務非常不友善，我們下次就不會想再來這家餐廳了。

這正是坐在我身旁的企業家想要的服務。他幾乎只問我「溝通如何最佳化」的相關內容。我向他展示了一些培訓他的員工溝通時可能的方式，並且向他解釋我在這幾分鐘內注意到哪些溝通方式是需要保持的優點，以及哪些是需要改進的缺失。

我向他舉例，剛才我右邊非常親切的女士向我道歉，只因我必須在樓下接待櫃臺等待兩分鐘左右。儘管一切看起來都很好，但是她的道歉，會讓身為客戶的我在潛意識之中意識到她犯錯了。亦即，她覺得有些事情並沒有按照原本的計畫如期進行。

我右邊的女人放鬆地坐在椅子上，直直盯著她的老闆，彷彿用眼神拜託他保護她。他們互視了一會兒，彷彿他們之間有充滿暗示的眼神密碼。

我立刻意識到，他們之間暗藏更多沒說出口的事情。他深吸一口氣，很拘謹地讚美她。他讚揚她多麼棒，陪伴他參加了國內外的所有商業談判。因此，他覺得很難把她「僅僅當作員工」來看待。我很快就明白，兩人之間的關係，不僅僅是工作上的上司和下屬而已。

最後，我們談得很盡興，討論了很多積極的內容才結束會議。我在幾分鐘內給他們許多建議，他們記下了這些建議。這位企業家提出了一些他在接下來的幾週裡想和我一起進行的商業合作案和具體步驟。

然而，我隱約覺得他的祕書很不高興。也許之前沒有任何人敢批評她。她顯然習慣別人為她鋪上紅毯，給她貴賓般的尊榮待遇。實際上，她也真的經常陪老闆走在紅毯上。因為他領導著國際知名度很高的帝國級企業。我知道接下來，她會說服老闆不要和我一起合作，我可能因此扼殺了這個好機會。

這讓我確定，儘管我之前反饋給這家公司非常多積極的建議，如果這家公司的領導者如此不歡迎我的建設性批評，只是因為這一點，那麼他們不會是我認同的公司。

正如預期的那樣，儘管我們已經討論了差不多，並確定了接下來的進度，但是這位企業家沒有再聯絡我。

幾個月後，我突然接到他的電話。他抱持非常友善的態度，拜託我騰出一個催眠治療的預約日期給他的妻子。我向他解釋說，其實我的預約已經滿檔了，但還是會設法安排一個門診時段給他的妻子。我試著說明，如果我能幫他的妻子看診，也許他會重新考慮最初協定的商業合作案，這個合作將會非常成功且充滿意義。

幾週後，他的妻子真的來參加我的催眠療程。她告訴我，她的丈夫為她安排了這個療程，因為她有明顯的睡眠障礙。她晚上無法入睡，如果半夜醒來，她會躺在床上清醒好幾個小時。

我問她為什麼會有睡眠障礙？她回答說：「其實，我知道自己為什麼會失眠。因為我正在與自己戰鬥。我經營一家小店，出售一些配件。當我丈夫出差的時候，我每天都在店裡卻無法專心工作。因為有時候我好幾週都見不到他。」我驚訝地問道：「好幾週？」她很快地補充：「對！好幾週！如果他在亞洲有一連串的商務會議，之後馬上飛往倫敦或其它地方，他就會好幾個星期不在家。如果回來了，他通常會留在瑞士另一個離家較遠的分店。」

我問：「當他不在時，你擔心什麼？」

她說：「我很嫉妒陪著他到處出差的祕書。那曾經是我的位置！後來，我發現他經常外遇。他卻總是先責怪我不夠溫柔，跟他不夠親近，讓他不得不在其他地方尋找親密關係。他會一直指責我，讓我覺得十分內疚。但是，我很確定，他的祕書比我知道的更親近他。當我晚上躺在床上時，我會猜想他們兩人正在做什麼？有時候，當他們在世界的另一端，而那裡剛好是夜晚時，我往往無法專心工作，因為我總會想像非常糟糕的事情。比如，他們會不會正在做愛，然後一起入睡。我覺得她搶奪了我的位置。或者更確切地說：躺在我的位置。」

因為我已親身領教過她的丈夫，在為他的妻子治療前已經察覺他與祕書之間的私情，我在治療椅上向前俯身，深深看著這個女人的眼睛，說：「妳已經很清楚妳丈夫是一名操縱者？」她很快回答道：「我知道他經常有意扭曲我的意見。而且，儘管我一直深愛他。這些年以來，我也幾乎獨自撫養孩子。但他也只為孩子們購買學校用品和衣服。

但是，金錢不能買到愛。至少在我身上不行。」

我用清晰的聲音說道：「好極了！太棒了，請堅持妳的價值觀！因為妳絕對不能忽視妳的價值觀。妳有需求，妳有權利，因為妳已經和他結婚了。妳必須找到讓妳快樂的方式，以便確保妳的丈夫會尊敬妳、重視妳的價值觀，並能夠讓妳高枕無憂。」

她告訴我很多故事，更加說明她的丈夫是一個操縱者。我和她共同設計了一個策略，讓她夜晚可以好好入睡。我和她一起討論了她下次見到丈夫時，應該如何與他進行一場理性的對話。

對付操縱者只有一種方法：拆穿他正在操縱你的事實。我鼓勵她增強自己的自信心，以便見到她的丈夫時，能夠用冷靜的態度告訴她的丈夫，她已經知道他正在進行一個操縱的遊戲。以至於她必須為他所有過失承擔後果。這是不公平的！她看穿了這個操縱遊戲，現在想要改變兩人的不平等關係。她想要建立規則，並要他遵守規則。

我讓她了解，如果她事先提出了明確的規則，他就無法反駁。只要他想反駁，她就應該告訴他，她剛剛再次注意到，他多麼努力試圖操縱她。

此外，我告訴她，他也必須處理他的行為印痕，導致他過度補償的印痕。因為，他可能因內心的愧疚產生這種補償心理。我向她解釋說，她也應該堅持，他需要修煉自己。重要的是，兩人一起修煉，不是其中一方而已。

這次療程之後，她的丈夫打電話給我。他想為他的女兒和兒子預約療程。可惜的是，他沒有為自己預約療程。然而，我從兩個成年的孩子那裡聽到，他們的父母變得比較快樂了。這讓我很高興。我確信幫他妻子安排的療程成就很多好事情。

◎在愛情關係中被對方操縱時的策略：

1在準備階段就加強自信心：在與伴侶談話前，先打電話給一個能夠讓你心安定下來，並提高信心的人。例如：你最好的朋友。提醒你自己在感情中能提供的美妙東西，你所有美好的一面，如此正確地建立你的自尊心！

2事先制定規則：在與伴侶進行重要的關鍵談話之前，你應該先制定一些規則。在未來的感情路，能夠代表你的價值觀的重要規則。

3 非常冷靜地談話：在整個談話過程中試著保持冷靜，特別是在剛開始時。如此，伴侶潛意識會接受到一個訊息——你與他的溝通是出於善意。

4 制定美好的目標：在對話開始時，擬定你希望達到的美好目標。諸如：關係變得更親密，擁有更多共同活動，或是更深入，甚至更溫暖的關係。

5 表明你已經看透了操縱遊戲：讓對方了解你已經揭穿他，而且你不會再容忍他這樣對待你。當你說話的時候，請保持冷靜。這樣一來，對方會知道你會展開具建設性的溝通。你可以告訴他，從現在開始你不會再接受這個遊戲。如果你的伴侶又開始想要操縱你的想法，或者扭曲你的意思，甚至把所有的過錯都推到你身上，那麼請立刻明確警告他，不要再對你進行操縱遊戲。

6 交易：雙方達成協議——如新規定、新相處方式和接受雙方價值觀。傳達出雙方都需要修煉自己。如果必要的話，堅持雙方都要接受治療，而不是只有其中一個人。

Part 2
看穿謊言

1 拆穿伴侶的不誠實

在高度信任感的感情關係中，誠實溝通可能是最有意義的事情。我的意思是，誠實溝通代表一種表達心裡所想的溝通形式。也就是說，只有當語言能夠完全表達出心裡的想法，你的思想和溝通內容之間交集最大時，才能夠定義為「誠實」。

其中，最能代表不誠實溝通的情況之一是「故意說謊」，也就是當人們表達出來的話，不是他們心中真正所想的東西。

不誠實的溝通，也包括「善意的謊言」。善意的謊言是一個不完整的溝通，正因為它暗示真實之外的其他面向。

例如：如果一個女人懷疑丈夫的忠誠而問他：「你今天要加班嗎？」而他回答：「是的，因為之前休假，我還要趕快做完一些拖欠延遲的工作。」他必須加班可能是事實，但他沒有提到下班後會和一位女性朋友碰面。他沒有詳細地交代這件事，只針對妻子的問題回答。但是，他回答的方式讓妻子以為，他直到回家前都在工作。

無論是從語言，還是非語言（表情和肢體動作），都有很多面向可以判斷「不誠實的溝通」。不過，誠實的人往往不容易看出來誰在說謊，因為他們必須先假設「我可能被這個人欺騙」才有辦法觀察出來。

「誠實（ehrlich）」這個詞來自古高地德語「ērlīh」，即「可敬」和「有聲譽的」之意。特別是誠實的人應該享有聲望，因為他們有勇氣表達他們的思想。然而要注意的是，誠實只是一種品德，它並不比其他品德還重要，例如：感恩、關懷或勇敢。

例如：在錯誤的時刻，表達負面想法可能是誠實的，但會造成不必要的傷害，像是當我們向一位想要擺脫成癮行為的好朋友暗示，我們不相信他能做到這一點時——只因為我們懷疑他是否真的可以結束上癮行為。在錯誤時刻，誠實反而會摧毀感情，而不會帶來積極、正面的影響。

因此，重點在於，只在情況允許的範圍內進行誠實溝通，避免因為過於坦誠，而造成對另一個人的傷害。

很明顯地，在戀愛關係中，我們都希望對方誠實以待。當然，我們明白，偶爾某些情況下，過度誠實反而會傷害對方。同樣可理解的是，許多職業在工作時，並不需要過分誠實。

這種要求誠實的健康態度是看透不誠實溝通的基礎，他們可以讓你洞察伴侶之間可能的不誠實溝通，並指引你如何揭露不誠實溝通的過程。重要的是，下面列舉的所有要素，你能夠檢測對方符合多少項目？你知道不能憑藉片段或單一的要素，即認為一切都是不誠實的溝通。

以下提示能幫助你加強直覺，再一次更仔細地聆聽或查看。或者結合其他論證，他們可以幫助你找到更清晰的真相。但是，你應該始終考慮到對方說話的前後脈絡，而不是將所有跡象通通作為單一證據。始終關注溝通的多個面向，並嘗試努力獲得其他脈絡下的蛛絲馬跡。

此外，你應該考慮對方是內向型還是外向型的人。因為在下面的溝通要素中，我們會發現內向型的人（就是溝通上比較平靜，內斂）與外向型的人（就是那些擅長向外溝通的人）顯示的不同跡象。

對於我們來說，「關鍵時刻的行為」在接下來談到的溝通要素中很重要。也就是說，如果我們想要主動使用以下知識來揭露對方，我們只能參考在具體情況下的線索。

舉例來說，當我們問對方一個具體的，甚至棘手的問題時，像是我們問對方一個封閉式的問題，對方只能回答「是」或「否」的問題。或者，當對方傳達出你想知道的事實，例如：當他說出「是否已經開始某種行為」這種核心訊息時，並且將所有注意力放在他提到的關鍵訊息。

在這種時候，最重要的是，我們應該比較「在這些情況下」對方的行為是否符合他的本性。如果我們注意到其行為完全不符合他的實際本性，那麼更不能只看表面而已。

1 分析他表現的動作

所有傳播學家都一致同意，我們的溝通大部分是非語言式（肢體語言）的交流，即透過手勢、臉部表情和動作的方式來交流。因此，我們應該學會更積極地認識對方的身體語言。畢竟身體會誠實表現出大腦的想法和潛意識的感覺。

接下來，我會談到無意識行為的特徵，大部分時間，我們的身體會因思想而進行一些無意識的動作。如果以十分細微的方式出現的無意識行為，就是「微表情」，也就是身體語言出現的細微變化。從微表情心理學來看，人會在撒謊時，表現出特定的動作。

● 眼睛

眼睛作為靈魂之窗，比起其他許多器官洩漏給我們更多關於對方的資訊。

如果對方的**眼神不斷飄移，表示對方畏懼看你的眼睛**。倘若這不符合對方的本性，也許他正擔心你詢問更深入的事情，這可能會動搖他的謊言結構。

基本上，對方知道你或許可以從他的眼睛看到他的靈魂。因此，說謊者會試圖故意避開視線、閃躲眼神。這大多是無意識的行為。這時，眼睛通常只有兩種不同的行為：飄移的眼神和凝視的眼神。如果對方的眼神過於直接，那可能是對方想要表達「我不畏懼看你的眼睛」。在很多情況下，這是一種可能想掩蓋某些事情的做作眼神。

● 眉毛

一般來說，我們的眉毛似乎不太起眼，但他們在溝通時顯得非常重要。小時候我們

對方是否抬起眉毛或沉下眉毛並不重要，**重點是如果對方在做出關鍵性的回答時特別強烈地用眉毛溝通**，你可以假定對方正試圖讓他的答案看起來像真的。正因為謊言僅僅是沒有事實的殼，沒有實質的內容，他們會試圖用一切可以想像的東西來填補殼內的空洞，例如：情緒。

畫臉部表情時，就了解到這一點了。我們很快注意到，眉毛會大大影響人的臉看起來甜美或邪惡。我們畫友善之人時，會將他的眉毛向上畫弧；畫邪惡之人時，會將他的眉毛向下彎曲。當我們生氣時，會沉下眉毛；當我們驚訝或焦慮時，會抬起眉毛。眉毛是我們情緒起伏的一個標誌。

特別引人注目的是，**說謊的人會試圖讓他們的謊言盡可能看起來像真的。他們會試圖用許多情緒強化自己的謊言，或在回答關鍵性的答案時，只說了非常簡短的答案，如「是」或「否」**。

● 嘴

嘴是最迷人的溝通器官之一，也是唯一負責洩漏祕密的器官。我們從小就意識到這一點。因此，當我們還小，不小心說謊露餡時，會馬上用手遮住嘴巴。可以這麼說，是為了防止嘴巴說出更尷尬的話。這使我們學會在某些情況下摀住嘴巴。

所以，嘴巴會有的經典行為是，我們為了防止使自己不要說出太多事情，會用幾根手指遮住我們的嘴巴。

最關鍵的微表情是在他面對決定性的陳述之前或之後有緊壓嘴唇的動作。經由緊壓嘴唇，對方想要阻止自己說出更多的事情。這就像捂住嘴巴，但不需用到雙手。

在聆聽的同時，若對方將食指放在嘴巴前面。這代表他潛意識中正暗示自己，透露對方不想說或只是不想說太多。基本上，若把任何手指放在下唇之上，都可能有隱藏真實訊息的跡象。

如果對方在決定性陳述之前或之後不久就緊閉嘴唇，你應該鼓勵他告訴你他當下一切的感覺。

如果對方產生反射性的動作，會忍不住想遮住嘴巴。但又因擔心手勢會洩漏他的心思，而在臉上移動他的手，在最後一刻避開遮住嘴巴，而做出搔鼻或搔臉的動作。你可以假設，他還沒有說出一些關鍵的事件和想法。

●雙手

在所有可以想像的生活情況中，我們幾乎都需要用到手：當我們吃飯的時候，當我們喝東西的時候，當我們工作的時候，甚至支援我們的語言溝通的時候。手會說話，而且是完全無意識的動作。因為我們的手可以來到我們身體的各個部位，所以對於不同的手勢，也有不同的解釋。

●撫摸自己的頭

當對方被要求回答時，會撫摸自己的頭，這表示他需要安慰自己：正如父母在我們悲傷時所做的一樣。在關鍵時刻安慰自己的人，不是對自己感到失望——並準備公開表達這種失望——就是因為情況似乎無望而安慰自己。

基本上，這適用於在頭部附近的所有碰觸，例如：頭部、後腦、頸背或脖子。

• 手勢

說謊的人通常會意識到自己的手勢。如果他沒有自覺，至少他的潛意識中會出現本能的保護行為。由於說謊者總是會處在壓力之下：因為他們不想露出馬腳。他們知道這個壓力會讓人注意到他們的不對勁。

頭

後腦／後頸

脖子

因此，他們經常說出一些不必要的解釋，或不必要的手勢來填補沉默，這些手勢通常用來填補關鍵陳述前後的沉默時刻。大部分的時候，這些手勢是誇大的，因為在這樣緊張的時刻，說謊者的潛意識無法找到合適程度的手勢。壓力扭曲了說謊者的自我認知。

• 兩手交叉

兩手交叉的人不是想傳達拒絕的意思。如同在許多非語言溝通課程中所教的那樣。兩手交叉代表很多的意義。因此，人們應該要充分考慮並觀察當時的環境和說話脈絡，還有對方的眼神和對方說了些什麼，最後考量整體的情況。

交叉的手臂，特別是當它們像雙手打結一樣交叉

如果你的伴侶是犀牛型，也就是脾氣火爆，並且相信自己的謊言的人，那麼交叉的手臂代表他只透露很少，或根本絲毫沒有說出整個事情的真相。
另一方面，如果對方是一個內向的人，雙臂交叉可能表示他覺得自己不被理解，並且希望能夠保護且安慰自己的意思。

觀看指甲

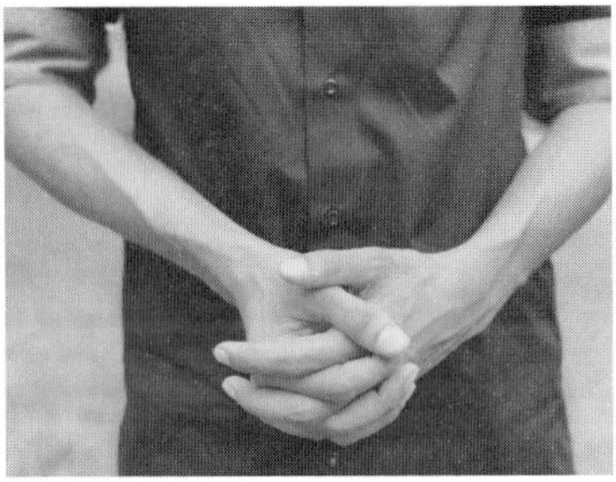

雙手十指交扣也是和雙臂交叉相似的意思。說謊的人不會兩手交叉，因為說謊者通常會壓力太大，讓他們可能無法承受。說謊者知道他們可能隨時會受到攻擊，總是準備攻擊或逃跑，因此不會出現這種放鬆的手勢或行為。

在一起時，其實表現出他們現在很舒適、安逸的感覺：這個姿勢可以讓人完全放鬆手臂。其實只有對方感覺到很安全的情況下，才會採取這種輕鬆的姿態。

• 擺弄手指

玩弄戒指、看著指甲、擺弄手指、衣服或其他任何東西的人，似乎並不感到內疚。

這些行為更能表明對方覺得泰然自若和鎮靜沉著。

• 腿

腿的位置和動作往往非常有啟發性，其

表現出的蛛絲馬跡，讓人知道對方正處於什麼的狀態？可能是穩定者、侵略者或逃跑者。神經科醫師知道我們的大腦與腿的神經直接相連。當然，那些神經連結的過程一直都是在不知不覺中運行，從以前到現在不曾改變。這意味著：我們不需要給予大腦有意識的命令，我們的腿自然就會充滿血液。

這種通過腿部姿勢表達自我的無意識傾向，成為某人是否說出真相的指標。對於不尋常的腿部動作尤其如此，例如：腿部緊張搖擺。如果這個人平常不會做出搖晃腿部的動作，則出現這種動作時會特別引人注目。

●雙腿交叉

只要對方雙腿交叉，不管以何種姿態都表明他感到泰然自若。因為人如果雙腿交叉的話，代表他想逃跑時必須花更長的時間擺脫這種姿態。所以，只有那些內心沉著的人，以及不覺得受到威脅的人，才會交叉他們的雙腿。

在椅子下交叉雙腿

雙腿垂直交叉

翹腳

• 多餘的腳部動作

眾所周知，說謊的人往往壓力很大。這種壓力會啟動並活化我們的雙腿，從我們的雙腳透露內心的不安。所以，如果對方在解釋重要的關鍵時，開始搖擺他的腳，特別是只有擺動一隻腳的話，表現他所想的遠超過想說的。若是搖晃雙腳，腳會快速暖和起來，代表潛意識中想要逃生、攻擊更快。

同樣地，當雙腳都放在地面上，但說話時其中一隻腳的腳跟黏著地面，只抬起腳尖噠噠踩地板。這種動作也很引人注目，讓我們猜測對方沒有說出某些想法，而透過多餘的腳部動作表達出他的心思。

抬高腳尖

抖腳

2 分析他說話的語言

我們會以話語表達出心裡的想法，而言辭是我們思想的圖像。不管有意識或無意識，我們會透過語言轉播我們所想像的畫面。我們常常會無意識地說出單詞、短語或完整的句子。

所以，我們常會還沒說幾句就露出馬腳。出於這個原因，我們應該注意對方回答某些問題的方式。下面我將向你舉例說明，我們在回答問題的具體語言可能是什麼樣子，以及它的含義。如果對方打算欺騙你，你問什麼問題可能會導致他說謊？

如果我們想分析語言溝通，**很重要的是，我們必須問對方沒有明顯威脅感的問題。如果我們問會讓對方壓力很大的問題，會阻礙我們發現對方是否欺騙我們**。所以，只要問一些實際上非常日常、無害和正常的問題，就能幫助我們了解真相，當然只要對方也說實話。

在這種情況下，我們可以假設對方以他自己一貫的方式回答問題。當然，最好我們已經熟悉對方，特別是了解他平常的溝通模式。如果我們問對方帶有威脅感的問題，情況就不同了，例如：「你有背叛我嗎？」這是非常敏感的問題，會讓對方處於高度壓力之下，而認為自己應該要表現得很震驚。他可能會找藉口說：「我當然會對這樣的問題感到震驚，而且反應也與平常不一樣！因為當我聽到你是這樣想我的時候，我的心情當然起伏很大！」

我們應該防止對方躲在壓力之下而做出異於平時的行為，因為對我們來說，重要的是察覺到溝通中的歧異和偏差。我們假設，只要一切都很好且正常如昔，那麼對方的溝通方式也會保持完全不變，他告訴我們真相的機率就會比較高。

如果我們問了一個無害的問題，卻觸發了伴侶的壓力，導致他說話的方式與往常不同，那麼我們就可以假定有些事情不太對勁。

因此，你應該問對方不可疑的問題，如：「你今天工作這麼晚嗎？」

我的中心思想是，始終假設對方是無辜的。

● 音量

說實話不會造成任何壓力，所以聲音會保持原來的樣子。人們可以假定，聲音音量大的人，擁有有力的聲音，在他說出真相時，也會堅定說話。聲音稍弱的人也是一樣：即使他說出真相，他也會輕聲說話。

如果對方說話突然比平常大聲，那麼你可以假設他試圖自欺欺人。這通常是為了說服自己，或想要偽裝或掩蓋對自己的失望。

如果對方在回答你的問題時，突然不尋常的輕聲說話，這可能是他感到恐懼，或懷疑自己的說法，也可能是伴侶懷疑你是否會相信他說詞的徵兆。輕聲說話也意味著對方對自己很失望。

如果改變平常講話的聲音大小，可能表示對方試圖編造與事實不同的內容。

● 語調

語調，意指音調的變化，能夠透露很多訊息。無論我們以較高還是較低的語音結束句子，都是純粹無意識的過程。通常清晰明確的句子和結束前的說詞會以低音結束，而尚未完成的陳述會以更高的音調結束。因此，以高音調結束的句子代表對方還有話沒有說完。

基本上，真實的說詞應該以較低的音調結束，除非結束這句話是用驚訝、詫異的方式。因此，不應將那些可能令伴侶感到詫異或驚訝，或對他來說可能會造成明顯壓力源的問題作為衡量標準。你可以辨別他在回答正常問題時的語調是否以低音調結束。

● 發音清晰

發音清晰意味著沒有錯誤的發音。這對說謊者來說似乎非常重要，因為他們試圖用盡可能乾淨、直接的語言來彌補、抵銷謊言。

說實話的人，偶爾會讓自己結巴，而不需用過於純粹，太過完美的說話方式。

3 分析他說話的內容

我們溝通時的內容通常最受關注。從小我們就被訓練，通過我們的話語內容來表達我們的世界。在學校，我們學會通過複述言詞和數字來定義我們的現實世界。如果我們在考卷上填入正確的答案，我們會得到較好的成績。而好的成績會給我們更多的機會。因為我們強烈依賴溝通內容，也因此最看重它。

遺憾的是這麼做並不公平：所有的傳播學家都認為，我們溝通的方式能揭露的遠遠超過純粹的內容。

●反問

提出反問句的人，表示他很有興趣了解，為什麼有人會問他這個問題？或者，為什麼懷疑他？

我們可以假設，說真話的人能夠輕易地回答你的問題，而不需提出反問句。當說謊者認為他露出馬腳時，行為就會有所不同。他會表現出強烈的興趣，想知道為什麼他會引起懷疑。

如果說謊者是一個喜歡控制局勢的人，那麼當他失去控制權，不知道別人怎麼看他時，會讓他非常不舒服。因此，了解為什麼有人會問他們這個問題，對他們來說迫切重要。

談話的壓力水平越高，就越容易出現反問。例如：當你問對方這個問題：「你背叛我了嗎？」如果這種指控真的毫無根據，那麼他的反應可能是這樣：「什麼？絕不可能！你怎麼會這樣想？」

無論你的問題有多荒謬，對方都會先答覆你「是」或「否」。一般來說，如上例所示：對方說實話時，總是會先回答你的問題。對方通常只會在回覆答案之後才反問你。因為盡快除去疑慮，對嫌疑人也是有利的。

但是，**如果對方首先或僅僅用反問句回答，而沒有說出「是」或「否」的答案，你就應該保持警覺心，繼續追查下去。**

●語言極簡化

那些自信不足，擔心會因自己回答太笨拙而露出馬腳的說謊者，會傾向於語言極簡化。

也就是說，他們會盡可能用最少的話語來回答問題。當他們對於非常重要的問題僅回答「是」或「否」時，就特別要注意了。

當你的問題給對方的壓力越高時，尤其他越容易使用這種溝通方式。當問題越嚴重，對方就越容易僅以最必要的精簡語言回答。因為被指責做沒做過的事情的人，會想要深究此事。

●不給封閉式的答案

如果對方被問能用「是」或「否」來回答的封閉問題，他也應該可以用「是」或「否」來回答這個問題。以沉默或非意味著「是」或「否」的獨白回應封閉問題的人，可能是害怕給一個明確的答案。

以下舉一個實例：

「那天你和別的女人在一起嗎？」

「你知道，我星期二必須加班。」

這個問題要求明確答覆「是」或「否」，但被問者的潛意識似乎避免了這樣的答案。因此，不針對一個明確的封閉問題給出一個封閉式答案的人，似乎是想避免給出讓你可能不愉快的答案。

●否認指責

當對方否認一個含有責難的問題，想要藉此澄清那個指責是完全不對的。很奇妙地，我們的大腦卻會這樣運作——如果有人否定了某件事情，那麼在這一刻，他就會想像想要否認的事情。

所以，如果你的伴侶說：「我不在她家！」那麼，在那個否認的時刻，他就想像著如果他去了她家會是什麼樣子；如果他確實不在她家的話，那麼他可以很有說服力地描述他在哪裡，而不只是否認你所指責的事情。眾所周知，我們的潛意識無法想像「不」（否認本身），而是想像「不」試圖否認的東西。

當我要求你不要去想艾菲爾鐵塔時，你會不由自主地想，不管你願不願意。尚未想好具體反駁版本的說謊者也是如此。當我們突然問他們問題時，他們往往只能否認被指控的事情，而沒能提出用來解釋的替代故事。

所以，如果我們的責備確實毫無根據，那麼對方可能會說出不同的生動故事，而不僅僅是否定來自於指責的生動想像。說真話的人會有一個真實的故事要講，而且絕不會僅僅否定所謂的不真實故事。

● 輕罪小過

特別詭詐的謊言是輕罪小過——一個其實不該有的行為，但卻被容忍著，沒有實際上的懲罰。承認小錯的人，不是他真的需要在感情中擁有絕對的誠實，就是他想藉此讓你忽略另一個更嚴重不當行為。

對方已經承認自己犯了小錯而對自己有些失望。如此一來，他將自己置於「犯罪者」的角色。對方藉此讓你將焦點放在這個小過錯，而讓你完全沒有想到，可能在承認的小錯之外藏匿了更多東西。特別注意對方是否在承認小錯時，似乎需要鼓起很大的勇氣。

原理與止痛類似。如果醫生幫孩子打針，他可能會用拇指用力地按壓孩子手臂。這個小痛雖然不舒服，但可以被接受。與此同時也已完成注射，而孩子完全沒有注意到醫生插入針筒到手臂。

● 拚命反駁

被指控不當行為的人，自然會用簡單的說明來說服對方「你的懷疑是沒有根據的」。如果無辜的人被問到一個其實對自己無害的問題，他應該和說謊的人有不同的行為。如果對方對你的指控感到震驚，並擔心可能會因此傷害你對他的信任感，他的話可信度就比較高。

當說謊的人在回答問題時用錯誤的方式，可能會讓他的罪責現形。例如：一個女人問男友：「你是否在手機上偷偷刪除了我不應該看到的訊息？」

他會用幾乎無止境的一系列話語來反駁，如：「絕對沒有！否則為什麼我會一直到處亂放我的手機？我的意思是，我究竟該寫給誰？我沒有時間去做這樣的事情！我一回家，你總是在我身邊。那我就必須在上班時寫給這個女人。然後我就得冒著這樣的風險——當我和你在家時，她寫簡訊給我，如果電話就在旁邊的沙發上，你可能會看到它。所以我必須承擔如此複雜的風險，以至於幾乎不可能不露出馬腳。」

如果他這樣回答你，你可以假設對方想用這個答案來證實自己實際上有多聰明。

在這種情況下，說謊者會搜尋詳細的相反證據，用近乎狂熱的反駁以免失去信任，這是一種常見的反應。你可以知道對方是不是真的尋找證據來證明你可以信任他。

2 他是說謊成癮的人嗎？

作為一名催眠治療師，我已陪伴許多人前往自由之路——從恐懼、憂慮、上癮行為到完全自由。我已經陪伴很多人脫離酗酒、尼古丁成癮以及非常特殊的癮癖。

在大多數情況下，當我們談論成癮行為時，我們想像的是對於一種物質的依賴。但也有針對非物質內容的上癮行為。例如：說謊成癮。

是的，確實有人沉迷於撒謊。在社會上，他們被稱為「說謊成癮者」。他們因為撒謊行為而聲名遠播。如果仔細研究會發現其行為背後是一種病理模式，一種病態行為，一種強迫行為。他們因為內在狂熱的欲望而驅使自己說謊。

治療這樣的人時，他們經常會說「不能撒謊」讓他們不安躁動，失去安全感，感到恐懼。而對他人撒謊時，能夠給他們一種隱形盔甲。

我也有客戶帶著這樣的考量，他們告訴我，他們相信藉此會感覺到自己領先別人一步，因此不那麼脆弱。

事實上，比起在關鍵時刻說實話，撒謊使他們更加脆弱。如果長期下來一直說謊，隨著時間越久，謊言和事實會出現越來越多不一致。因為通常說謊成癮者會告訴每個人不同版本的故事。所以，他們必須記住告訴別人的不同謊言故事。當他們再次見到這些人時，他們必須能夠確切記得，他們告訴這些人哪些事情。

因此，他們擁有無數不同的故事，並因此擁有無數不同假扮的身分。每個故事通常需要一個不同的角色，而每個角色有不同的身分。

他們正式放棄了自己的核心身分——以虛假的安全感為代價。

如果仔細看看這些說謊成癮者的成長背景，通常會發現他們的過去印痕——失望和傷害造成他們這樣的行為。他們從過去經驗學習到如果他們撒謊，他們就不會受到懲罰。而如果他們說出人們不想聽的真相時，他們就會被拒絕。因此，這種重複的學習過程，讓他們相信在撒謊時很安全。

所以，當你遇到說謊成癮者時，就像在野外遇到一隻野生動物一樣：大多數時候動物懼怕我們多於我們害怕牠。所以，面對說謊成癮者時，一遍又一遍地告訴他，你很欣賞誠實，而且對你來說並沒有絕對錯誤的答案。

當你注意到，說謊成癮者說出或敘述絕對符合事實的事情時，好好鼓勵他。如此一來，你可以引導他進入新的學習過程。重要的是，你不要責怪他的謊言，而是看作他因害怕受傷而做出的保護行為。

如果一個說謊成癮者說了實話，而你卻用某種方式來懲罰他，可以肯定的是，比起其他人，這些責難對他打擊更大。從這一刻起，他可能不會再對你說實話，開始陷入他的強迫行為。

因此，你不應該戳破說謊成癮者的謊言，不要拿走他們的保護層。相反地，如果他的恐懼之一成為話題時，談一談它，並鼓勵他通過治療解決問題，這樣他才能夠感到完全自由、安全和被愛。

★面對說謊成癮的人理想的行為模式

- 從不戳破謊言
- 不要責怪任何真實的陳述
- 當他們說出真相時，積極地獎勵
- 對真實言論不做任何形式的制裁
- 暗示他們，人們覺得真相特別美麗
- 指出他們的恐懼和建議治療
- 視說謊行為為保護而不去責備

Part 3

你何時丟失了信任感？

1 沒關好的冰箱

對我來說，那天是一個普通的診療日，和其他日子並沒有什麼不同。我在自己的治療中心「精神發展機構」接待客戶，用催眠和言語治療陪伴他們達成目標。那一天的預約，是為一位七歲女孩進行催眠療程。

但是，當這對父母帶著女兒進門時，我和工作人員注意到圍繞在這家人周圍的緊張感。他們先在會客室坐下填寫病歷單。當他們被請求與女兒一起進入診療室時，他們表示想先與我單獨談談。所以，當這對父母和我一起移駕到診療室時，他們的女兒便先在會客室耐心等待。

我問他們需要我協助什麼？這位媽媽說：「我們預約了這個療程給女兒，她目前在學校和學習上有注意力不集中的問題。但是，其實今天早上發生了使我們關係緊張的事情，所以我們在來這裡的車程上一直吵架。因此，我們認為，應該先解決我們自己的問題，這樣才可以為女兒做些什麼。這樣也會對她有積極的作用。」

我必須同意他們的觀點，我強調，對孩子來說，能一起體驗，再次通過建設性合作來消除爭執，並和平結束談話，也是重要的過程。我安慰這對父母，讓孩子們一起體驗如何解決問題和爭端很重要。而且，在整個教育過程中，孩子從未體驗父母的爭吵是危險的，而且也完全不可能。自己的孩子也不可能不受到父母爭吵的影響。每一位母親和父親都以積極的方式影響孩子，展示如何經由溝通將負面情勢轉變為愛與連結。

所以我問他們，那天早晨引發劇烈爭吵的關鍵是什麼？

我的客戶停頓了片刻。我馬上明瞭，引起爭端的導火線，是他們不太樂意談的話題。但是，這位媽媽考慮幾秒鐘後，深深吸了一口氣說：「這聽起來似乎很不可思議，我的老公在廚房裡喝柳橙汁時，我們正準備出門，我幫女兒穿上外套和鞋子。後來我進入廚房時，我意識到他喝柳橙汁時，再次讓冰箱門開著。我已經告訴他上百次，如果他讓冰箱門開著，門上的冷凝水會滴在地板上。而你覺得他會擦地板嗎？我操持全部的家務，帶女兒上下學，協助她寫功課，甚至去工作，然後我還得為我行事風格像一個高官的老公收拾殘局？我覺得自己好像被當成一個清潔婦，沒辦法成為受寵愛的女人。如果他愛我，那麼他就會認真待我，把我的話聽進去。」

我當下對她沒有立即反應，而是看著男人問他：「現在聽到這些話，您有什麼感想？」男人聳聳肩，只是看著地板默不作聲。

他的老婆說：「你看！每天都是這樣。我試著改善我們的關係，他卻保持沉默，一點也不努力去做任何有益於我們關係的事。」

我沉默了，試圖通過我的沉默澄清，一切都很好，他們可以再次找到彼此的連結。然後我說：「重要的是，我跟你們兩位各自對談，讓妳作為一個女人，體認到妳是被愛的，不再覺得自己那麼不重要；而你作為一個男人，能夠表達您的情緒，說明你有多麼愛你的老婆。」兩人都對此同意。

我先與男人單獨說話，因為他的老婆在談話中傳達，主要問題在他的行為。我試著跟他說明，實際上剛剛發生的事一點都不重要，更重要的是，他妻子被一種行為或情況觸發了那種感覺。

這裡出現一個我們在感情中很少使用的思維方式——以對方的立場設身處地來思考和理解對方。例如：一個開著的冰箱門究竟觸發了伴侶什麼樣的情緒？那是在童年影響我們的無助感。就像當自己的父母吵架時，或者在學校被欺負時，我們面對這種情況的無助感。如同，在體育課選擇團隊成員時，自己是最後剩下的那一個人。一個我們今天可能會一笑置之的情形，但深深影響著每一個學生，因為它給人最不受歡迎的感覺。

如果這種感覺經由許多其他情況不斷地加強，也許是在早期前幾段關係中，那麼當事人嘗試避免這種消極情緒是很正常的。

其實，很多人會產生感情，是因為對方給自己安全感。愛，反而不是最主要的因素。在認識初期，許多人發現，對方從未在他們身上觸發這種消極的無助感，這使他們有安全感。許多人以為這種感覺就是愛。如此強烈的安全感，導致他們的潛意識如此雀躍，因為每個人都想確保自己不被傷害。如此強烈的安全感，讓人彷彿愛上了伴侶，但是那通常不是真正的愛情。

等到伴侶突然誘發他們的不安全感，而這負面情緒足以結束感情時，他們就會發現這不是會支持與連結的真愛。

我的客戶理解了，我告訴那天早晨讓冰箱門開著的男人，一個簡單的句子如「對我來說你是最重要的人」能治癒一切，並迅速深深緩和其伴侶的潛意識。她會清楚，這種情況和過去事件不同。在這段關係中，不會再出現如過往的創傷事件。現在男人終於明白我的意思。

這次談話後，他離開了診療室，換他的老婆進來。我明確告訴她，她不自覺地選擇了她的丈夫，因為異「性」相吸。正如質子和電子彼此吸引，從而出現物質。我向她解釋，她是外向型的人，很會表達自己感情。而他是內向型的人，常常隱藏感情，不會那麼快談論感情。因為對他來說，未說出的感情比較純淨。

我明確地告訴她，如果她的男人像她一樣凡事直話直說。如果他想說什麼就說什麼，她可能會覺得不舒服。我告訴她，他的沉默是表達滿意的一種形式，是充滿積極性的表現。反之，當他不再滿意時，他就會說話了。**他對她的「條件」，不要讓冰箱門開著，沒那麼注意，就是他愛她的證據**。

因為假設，他不是全心全意愛她，他就必須不斷向她證明「他真的愛她」，那麼他將努力以這種理性的方式，和這種簡單的技巧來展示「他愛她」。如果他不愛她，這將是一個簡單的遊戲，他會用這種簡單的小行為假裝他愛她，因為他知道，這對她來說是愛的標誌。

但對他來說並非如此：他不需要藉由關好的冰箱門來給予愛情的標誌。因為他知道他愛她。也正因如此，他不會去重視她的其他「條件」。同時，他的「無所為」是他特別創造的婚姻治療形式之一，藉此教她，他時時刻刻愛她。無論冰箱門開著與否。

我的客戶感動得哭了，我請她的丈夫進入房間。我與他們做了一個練習，一個在連結中強化彼此，讓他們將潛意識導向愛的練習。

我要求他們閉上眼睛。之後，他們應該練習想像與對方美麗的連結。一個代表愛的連結。也許是，從心到心照射的光芒。或者，一條帶子。或者，一條繩子或能量。然後，我要求他們認出該連結是哪種顏色。最後，我請他們在感覺這個連結時，感受身體內究竟發生什麼樣的事。

我給他們幾分鐘，感覺、感知他們的身體。當他們感覺到某些具體的東西時，他們應該各自舉手，並讓手停留在空中以便讓我知道。令人吃驚的是，在雙眼緊閉的情況下，兩人竟然同時舉手了。我讓兩位睜開眼睛。他們可以看到對方，感受到這種愛。

他們相視而笑。這是救贖之笑、力量之笑、愛的微笑。然後，我告訴他們，「我在你們的臉上看到了微笑，當你們認識時相視的微笑。恭喜！」

★愛的練習

1閉眼，想像伴侶和自己之間的愛情。

2認識這個愛的樣子和它的顏色。

3感知這個愛究竟讓身體如何感受。

2 潛意識讓我們吸引同一種人

我們都知道老是遇到同一種人的感覺。我們有種感覺，似乎身上有種無意識的模式，像磁鐵般一次又一次吸引同類型的人——傷害我們的人、對我們說謊的人、讓我們失望或者無法顯示感情的人。

這些重複的經歷對我們非常重要。它們是自我潛意識的一種自然療法。我們的潛意識不僅僅會受負面經歷的影響，同時也是我們內心的治療師。當我們的潛意識努力讓自己對抗那些曾經傷害我們或讓我們失望的人。它想教我們一件事情——我們的人生可以變得更美好。

人類在運行潛意識時，會記住負面的東西，好讓它得以重塑，並與它化干戈為玉帛。這種經歷也發生在我身上，我也知道總是吸引同一種人的感覺。這一切都源自於我前文提到的那個夜晚，當時我的父親把家具扔向關閉的窗戶。這是我們家從未經歷過的爭吵騷動。

他越過了界線並意識到這一點。我們都害怕他突然釋放的巨大能量。由於他覺得心理醫生不理解他，心裡累積了負能量；因為他必須服用具有殘酷副作用的藥物；因為他被貼上了「精神病患者」的標籤，然而一旦貼上了標籤，他就再也無法抵禦它了。他抵禦這種分類的任何企圖都只會讓醫生用來證實他們的假設。

所有負能量都在幾分鐘內離開了他的身體。第二天早上，當我們和母親在外婆家醒來的時候，兩名警察帶來一則消息，他們說有人在伯恩市中心一座非常高的橋下發現我們的父親。

那是一九九五年三月一日。沒有其他日子像這一天一樣深印在我腦海裡。這一天我學到，即使是我真正愛的人，也可以輕易決定離開我。

一種幾乎比其他任何經驗都更令人傷痛的經歷。在人們認為父親真的很棒，而且將他視為榜樣的時候，我必須學會在這麼小的年紀接受這個狀況。在那個年齡，在校園緊急情況時會想說：「如果你欺負我，我會打電話給我爸爸，當他來的時候，他會好好教訓你！」

但我不能那樣做了。雖然大我三歲的哥哥，大我五歲的姐姐和我的母親可以保護我——儘管如此，我卻從未像現在這樣想念我的父親。特別是，當我在校園因為紅頭髮和雀斑而被同學嘲笑戲弄時。在我已經非常傷心的時候又遭到嘲笑戲弄。那時候我的潛意識學會，被排斥在外是最傷人的感覺之一，會覺得自己不夠好。

當時在學校，我幾乎不知道該如何處理被霸凌的狀況。因此，我有一股深刻的欲望，希望能夠影響現實。我透過上場變魔術來解決現實遭遇。我仍記得一個天真的幻想：我希望能夠只靠思想的力量關上現實的大門。

如果我今天必須用心理學角度解釋這個想法，我相信我的潛意識希望擁有這種能力，以阻止我愛的人不再像我父親那樣逃跑。

今天我知道，我生命中的每一件事造就今天的我。

◆奇怪的昏厥和所有相關的檢查讓我覺得我不太正常。

◆一九九五年三月一日。

◆在學校的霸凌。

但當時我有（現在仍然有）一位無法用言語形容的母親。她以直覺做了唯一正確的事情，她不斷安撫我說，我是非常特別的人。

然後，當大人聽到我介紹自己的名字「加百列」時，總是驚訝地說：「哦，跟天使的名字一樣？」我把它和母親對我的話語都視同讚美。我相信我的母親，我不需負面看待一切，而應該正面思考一切。

我變成什麼樣的人呢？我們心靈是擁有無限可能的大使——就像天使長加百列，也被認為是大使。也許是因為我相信來自外在的陳述，並任憑他們影響我。一直以來，我不斷吸引像我父親一樣逃跑的人。我喜歡的人、我吸引的人，就像那些過去校園裡常常排斥我的孩子們。我的潛意識忍不住逼自己面對相同的情況下，以便得到相反結果，藉此治癒內心的印痕。

所以，當我們意識到自己總是吸引著同一類型的人，而同類型的人總是讓我們感到失望的時候，那麼這值得我們檢視自己的過去，並且想一想這與我們自己有什麼關係。我們的潛意識可能想要藉此治癒那些印痕。

例如：在專制威權之下長大的兒童，成年後往往也會選擇非常專制的伴侶，這種情況並不少見。童年受虐的人，更可能會選擇有家暴傾向和支配欲的伴侶。兒時從父母那裡沒有聽過任何愛之語的人，也會選擇不把愛說出來的伴侶。我們會下潛意識重現過去類似的情況，好向自己證明現在會更好，不會重現過去的印痕。

其後，你通常無意識地想擺脫被愛人家暴的這種消極角色。或者，希望不對自己顯露感情的伴侶，能夠轉變成很樂意對自己表達情感的人。

一旦你離開了以前的角色，並採取新的角色，伴侶也會一起找到一個新角色。因為，從那一刻起，伴侶會意識到，他不能再繼續專制或冷漠。這種行為無法再讓我們產生共鳴。所以，如果伴侶沒有跟著改變他的角色，那麼這段關係就會失衡，走不下去。這種關係類似於兩個互鎖的齒輪，只有在伴侶雙方能夠積極地改變他們的角色時，它們才能再度契合。

對我來說，我總是在我喜歡的人離開我之前，先從他身邊逃離。我認為只有這樣才能夠擺脫我的過去。我才能避免被我所愛的人遺棄。當我從生命中排除試圖拋棄我的人，我也擺脫了宿命。能夠傾聽內心的感覺真是太棒了！當那些曾欺負過我的小學同學，突然透過臉書向我發送「加入朋友」的邀請，而我能夠充滿驕傲地按下「拒絕」。

一旦我們從這些舊行為模式中解脫出來，我們已經準備好迎接一個全新的角色，讓我們體驗嶄新又美妙的角色吧！

如果我們意識到，我們正走向這個新角色，那已經是了不起的覺悟。但更重要的是，我們有意識地將這些不受歡迎的舊行為模式留在身後。

為了趕緊過渡到新行為模式，我們應該確認自己目前處於哪種不受歡迎的角色，以及我們想要變成哪一種新角色。一旦我們確定它，我們應該一次又一次地與我們的伴侶溝通，讓對方知道，我們實際上是一個具有其他素質的人。比較理想的方式是，你可以選擇一些適合新角色的句子來明確定義自己。你可以選擇如下的句子：

★我值得別人對我表達感情

- 我是一個別人可以和我談論一切的人。
- 我是一個別人想要在一起的人。
- 我是一個有發言權並能夠做出重要決定的人。
- 我是一個被關心牽掛的人。
- 我是一個別人想傾聽的人，因為這樣可以得知很多美好的事情。
- 我是一個能夠一起成就偉大事情的人。
- 我值得被傾聽。

透過這種方式，你也可以擬定屬於自己的句子。然而重要的是，在建構這樣的句子時，不能是帶有拒絕意涵的否定句，因為我們相信，我們的潛意識無法翻譯否定句。

如果我們一次又一次地用婉轉、巧妙的方式告訴伴侶我們的理念，我們將會得到對方前所未有的尊重，同時積極影響我們的潛意識。每次我們擬定認同自己的句子時，我們的潛意識也因此產生積極的影響。所以，如果我們逐漸改變自己的角色，我們因此在愛情關係中遇見更多美好的事情，這一點都不令人訝異。

3 你們是平等關係，還是上下關係？

與我們的伴侶共享相同的能量，並身處在同一個水平，是一個很棒的經驗。因為一旦有相同的頻率，可以激勵彼此達到更高的目標。你們會相處得很愉快，同心協力一起達到身邊的人都能感受到的更高水平。

這是一個美妙的體驗，像是在交響樂團中演奏的所有人都曾有過這樣的體驗，因為演奏交響樂時，所有樂器都需協調一致。或者，就像你知道的，團隊運動中的運動員，他們彼此應該都很有默契。這種奇妙的能量可以帶領團隊獲得空前的成功。

許多人都認識這種通過能量來到另一頻率的能力，但也知道其消極的一面，比如，當談話其實起初溝通很冷靜，卻因緊張壓力而變成吵架。基本上，即使變成吵架，也是深層連結的絕佳象徵，差異只在於錯過了目標，最終以吵架而不是生產力與和諧結束。

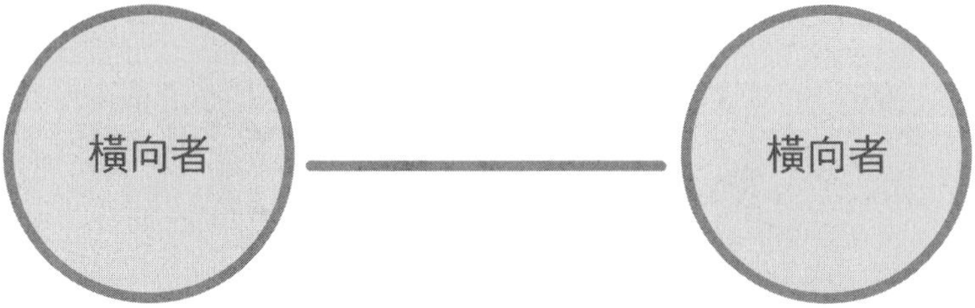

可以說，只有那些有能力的人才能平等地溝通。他們可以與他人產生共鳴。如上圖所示，他們能與對方一起展示較低或較高的能量。這些人是同伴。他們有能力成為有建設性的同盟，可以將心比心並互相理解，從而與他人保持同步。我稱他們為橫向者：因為他們總是雄心勃勃地在同一個層面上進行橫向溝通。

然而也有另一種人，我稱他們為垂直者。這些人主要具有垂直溝通的特點：他們學會從上而下或從下而上說話。他們不是任人擺布，就是擺布其他人。他們無意識地使用一種模式，讓他們在所有情況下都能夠權衡，是否他們要當主宰者還是服從者。這些

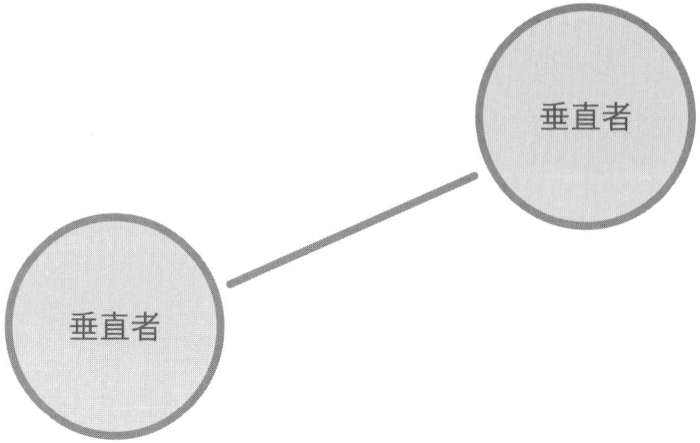

人，例如作為一家商店的顧客，會表明他們作為消費者擁有權利並希望享有特權。他們享受能在這種情況下做決定。因此，許多雇主都是垂直者。

垂直者很難平等與他人交流，但能向垂直兩方溝通。在這兩個級別之間，取決於他們的對手是誰，他們可以很快改變。垂直者的特色：他們要麼領導別人，要麼被別人領導。他們能一致扮演兩種角色，而且沒有矛盾。

當你面對垂直者時，必須扮演領導者或被領導者的角色。當垂直者認識你時，或許與其說是有意識，不如說是無意識，他們會深入分析你，會立刻弄清楚，必須對你採取兩種角色中的哪一種。

在認識階段我們就應該決定，是讓自己受垂直者的引導，還是在他們面前作為主宰者。這與使用黏合劑相似：只要黏合劑仍然是液體狀，就仍然可以推動和移動你想要黏合在一起的東西。因為你知道對方不是水平者，就是垂直者，你比他領先一步。你知道，面對垂直者時由你決定，你是在長官還是下屬的位置。

當你意識到，你正被垂直者推入被主宰的角色時，你應該盡快改變你的角色。更果斷地說話，以向對方表明他不能支配你，只有你可以為自己做主。最好是說話比平常大聲約十五%，但帶著許多美好的情緒。

較響亮的聲音會讓垂直者覺得你正占領更多地盤。這是一種自然現象，如果我們想展示權力，我們會用盡一切辦法占領地盤。聲音也是這樣。大自然清楚向我們展示了這一點：狗會用吠叫聲取得地盤；熊會用後腿猛然站起來，非常大聲咆哮。他試圖讓自己盡可能變大，盡可能占用更多的空間；孔雀開屏來展示牠多麼雄偉壯麗；河豚吹脹自己以便看起來很強大。

我們人類也這樣做：當我們吵架時，我們變得越來越大聲，直到我們終於尖叫出來，好顯示我們有多強大，可以占領多少地盤；也許我們甚至會扔盤子和杯子，以表明我們的地盤從我們站的地方到杯子撞在牆上的地方。

但是，如果我們在認識階段直接向垂直者尖叫，他會明白我們正在進入攻擊模式，而他也會這麼做。這就是為什麼我們只提高了十五％的音量，但仍然像以前一樣說話，以向他的潛意識表明，我們實際上非常強大，可以占領大量地盤。垂直者的潛意識會記錄你是強大的，但他的意識還沒將它看作是爭吵。

利用認識階段來確定你想要扮演哪個角色。你真的不需克制說出特定的話，顯示你想有控制權。因為，如果你向垂直者表明，你已經扮演了決定者的角色，他們絕對願意給你這個角色。

光是意識到這個角色，就可以讓你領先伴侶一步。你有空間來決定你想要的位置。如果你在認識階段有意識地扮演你的角色，你將很長一段時間被賦予這個角色。一旦扮演了這個角色並穩定下來，將很難再次改變角色。這就像黏合劑：當它已經變硬時，如果你試圖再次移動它，你黏在一起的東西會碎裂。

Part 4

重建你們的感情

1 感情中的寬恕

毫無例外，長久的感情關係都經歷過高潮和低潮，美好和不美好的時光。在每一個牢固而深刻的關係中，都會產生分歧、衝突與和解。熬過這些過程是良好關係的重要核心要素。經由這些過程，關係中的信任於焉產生。相信這段關係不會像紙牌屋一樣馬上崩潰，而是可以禁得起阻力。

為了穩固關係，原諒對方是一個基本的必要條件。如果不能原諒錯誤，在關係動搖時，將很難獲得足夠的勇氣。正是在這些時刻，伴侶雙方尋求回歸愛情是至關重要的，而不是在暴風雨已經來襲時，仍然在顛簸搖晃的船上亂蹦亂跳。因為那樣我們就必須接受容忍，那艘船可能會傾覆。

「原諒（vergeben）」這個詞源自古高地德語「fargeban」，即「給予（geben）」之意，以及源自中古高地德語「vergëben」，即「贈送（schenken）」之意。所以，如果原諒某人，就會「贈送」那個人一個錯誤。因為如果我們對自己誠實，那麼我們必須承認，我們也曾經犯過錯誤。這就提出了一個問題：什麼時候可以說是一個錯誤。只有當某人定義某個情況為錯誤時，錯誤才會成立。因此錯誤是主觀的。因為我們在研究錯誤的領域特別進步，我們能夠判斷什麼是錯誤的行為。其他人看到我們特定行為的錯誤，是因為他們認為自己在這個特別領域比較進步。

想像一下，我們以橫條圖的形式表現發展狀態，這個統計數據顯示了我們和伴侶在哪些領域發展的程度。讓我們來看看社交能力、誠實、爭吵和紀律等領域，我們在不同領域的精神發展在伴侶旁邊可能看起來像這樣，例如：我們與伴侶比較在精神發展上的社交能力（SK）、誠實（E）、爭吵（S）、紀律（D）。如果我們仔細檢視下一頁的兩個圖表，就會看出，我們在誠實這方面的精神領域比較進步。也許這是因為在我們的童年時代，我們有機會說實話而不會被打耳光。

另一方面，我們的伴侶可能在他小時候沒辦法如實說出真相，因為他會受到父母的懲罰。這些經驗值影響我們在不同領域的心智發展。誰在哪些方面的心智發展多遠並不重要，更重要的是，我們希望雙方的所有橫條各自加起來達到百分之百。

伴侶

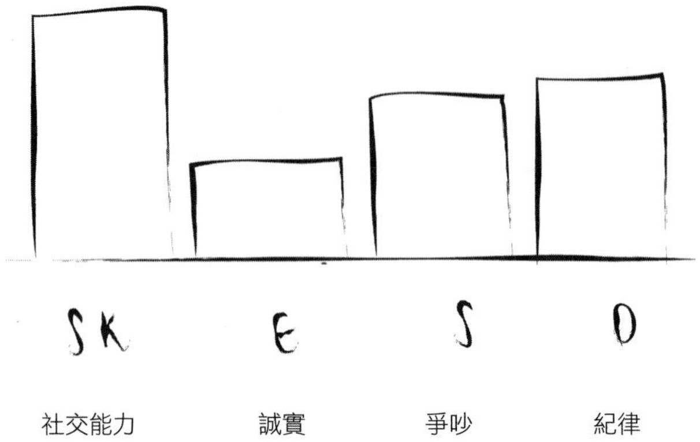
SK
E
S
D
社交能力
誠實
爭吵
紀律

我們

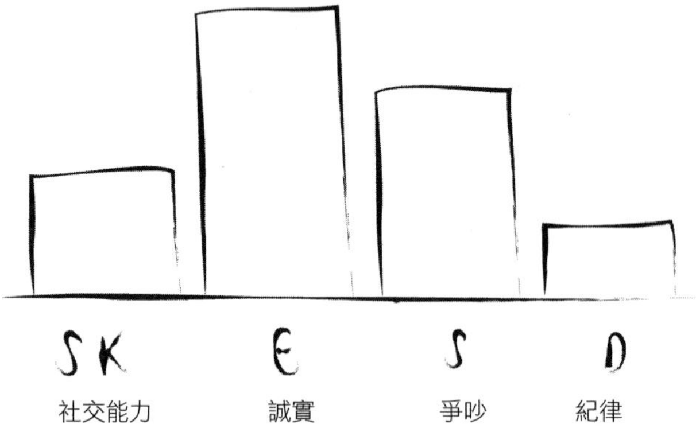
SK
E
S
D
社交能力
誠實
爭吵
紀律

差異意味著潛在的衝突

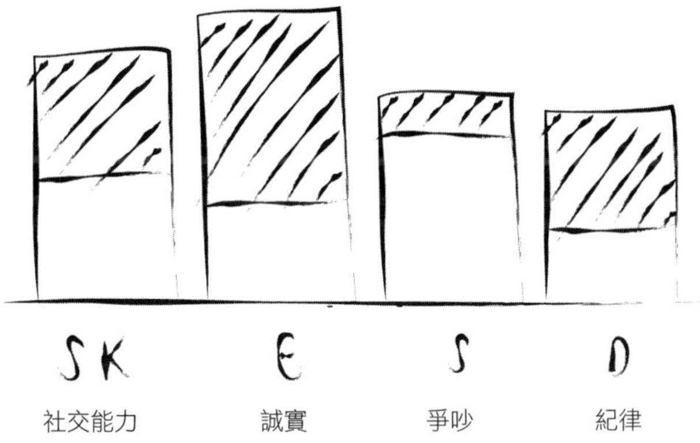

發掘共同的潛力

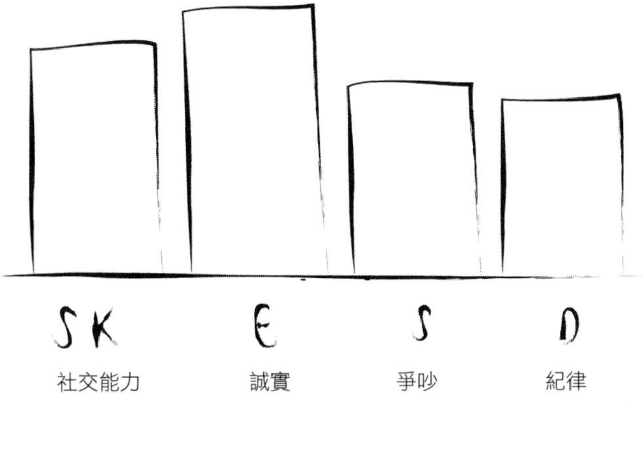

我們的伴侶可能在某些方面發展不像我們那麼高，這只意味著，他在別的方面比我們進步。這讓我們明白，我們都有各自的優點。而且關係只是一個持續自我發展和相互幫助以彌補不足的最佳平臺，讓我們最終擁有同樣高的潛力。因為正是這些直條顯示的差異產生了我們爭吵的可能性，是這些歧異讓我們失禮狼狽。我們的潛意識察覺到對方在這種情況下體現的差異，那些我們最終稱之為「錯誤」的差異。

另一方面，如果我們互相推動，以便最終擁有等高的直條，那麼爭吵風險將等於零。因為如果對方行事作為和我們一樣，而且彼此相處得非常好，誰又會想吵架呢？

提升寬恕能力有助於強化彼此理解。我們與生俱來都有這種能力。只要我們想要就能很容易重新啟動它。當然，如果對方在我們的倫理道德寬容範圍之外犯了一個錯誤，我們不必重新啟動它們；**某些錯誤也能讓我們突然想疏遠的性格結構更清晰**。

所以，在心靈仍為之跳動的地方，我們似乎因受傷或失望而從愛的道路上迷失的地方，應該出現寬恕。寬恕與我們在愛之路上的護欄相似。它們讓我們重回愛的道路，使我們能夠原諒對方的錯誤。因為每個人都應該被允許犯一些的錯。

為了更容易寬恕對方，一種簡單的心理想像技巧可以幫助我們，我們最好是在閉上眼睛的情況下完成，例如：在晚上睡著之前。當你躺在伴侶身邊並使用這種技巧時，於入睡前純潔地擁抱他，然後這樣入睡。這種技巧會觸動你的心靈和靈魂。

讓自己意識到對方的一個「錯誤」。一種令你失望或者可能甚至傷害你的不當行為。然後，閉著眼睛，回到伴侶的過去，回到他的童年。試著去認出他還很小時，還是孩子時，是什麼事情傷害了他或讓他失望。理解明白你的伴侶作為一個孩子的無能為力感。

如果你無法想像它，試著在幻想中建構一個圖像，想像伴侶在他小時候可能是什麼樣的情況。當時是什麼會讓他失望或傷害他呢？擁抱這個無助，失望或受傷的孩子。明白為什麼你的伴侶今天會犯這樣的錯誤，源自他在童年的失望。如果你在未來一次又一次有意識地呼叫這個小孩，你會更容易原諒某些錯誤。也許你沒辦法立刻做到，但往後會越來越能夠做到。

當我們學會不只關注當下的錯誤，而是試圖更客觀地掌握整個故事，從受傷和失望的小孩到成年人的故事，我們就可以更理解對方的瑕疵和不當行為。也許我們無法接受它，但至少可以理解它。這種理解使我們能夠找到內心的平靜，使一切負能量立即消失。

★寬恕練習

1閉上眼睛，覺識伴侶的錯誤。
2想像他的童年，認識他的小小自我，他在小時候如何，以及為什麼受到傷害和失望。
3擁抱這個小孩。
4認識這和他目前「不當行為」的關係。

2 補償心理

平衡負面情緒的最自然方式稱為「心理補償」。根據瑞士心理分析師卡爾・古斯塔夫・榮格（Carl Gustav Jung）的說法，補償是一種心理平衡。德國醫生和個體心理學派的創始人阿爾弗雷德・阿德勒（Alfred Adler）將補償定義為對自己自卑感的平衡。

人們一致認為，補償性行為是想試圖彌補某些事情。而在我們尋求平衡力量時，我們正是處於不平衡中。

當我們將這轉移到我們的愛情關係時，我們會發現，我們在關係中有某些行為可能會傷害到其他人的心靈，但這些行為給我們正義，或自己的情感得以再次平衡的感覺。具體來說這意味著，例如：如果事情不是以我們希望的方式進行，我們就更會在其他地方尋求控制，以再次平衡想要控制的需求。

道德理論家，心理學家勞倫斯・柯爾伯格（Lawrence Kohlberg）假定，我們在五歲左右的年齡會通過道德的階段，這給予我們這樣的態度：「你怎麼對我，我就怎麼對你。」在這個階段會學到公平和正義，並且重視它們。

這意味在這個年齡層，如果某人之前對我們好，我們就會對他好。反之亦然，例如：當我們被同齡的某個人毆打時，我們會反擊以重新達到平衡。所以，我們在這個年齡學會了平衡好壞。大約五歲時，我們突然明白了某些關係。這是一個高度敏感的年齡，在這個年齡，我們雖然會受到非常積極的影響，但不幸的是，不管正面或負面的經驗都將長期儲存下來。

當我在診所為客戶進行催眠治療，追溯其負面經歷的起源時，在大多數情況下，我們會回到大概四至六歲的年齡。

當我們在關係中感覺被伴侶傷害時，我們的潛意識感覺像是突然回到五歲左右。因為我們不自覺地感覺回到當初，我們的潛意識是如此深切地沉浸於當初的感情，以至於我們的大腦除了啟動當時學到的過程之外別無他法——比如平衡的過程、補償的過程：「你怎麼對我，我就怎麼對你。」

所以，比如說，**如果我們在大約五歲的時候感覺被我們的父母獨自留下，那些經驗將被儲存在我們的潛意識裡。當我們成年後在特定情況下被伴侶獨自留下時，我們的潛意識會記起這種負面的經驗。**我們會覺得回到同樣的感覺：被拋棄的感覺、不夠重要的感覺。

我們的潛意識會再次回到五歲。於是我們如此行事：我們對伴侶以牙還牙，以眼還眼，故意背棄他，或讓他覺得不能滿足我們。我們彼此報復。我們的心靈試圖藉此彌補傷害或失望。

就好像我們是在為不公平之處扣除彼此的分數一樣，而只有在雙方都有相同分數時才有正義可言。被伴侶背棄感覺像減去十五分，所以我們也必須藉著背棄對方拿走他十五分。這樣他才能感覺到心有多痛。

其實這是一種不適合成人的非理性行為——然而我們並沒有受到保護，以免重新啟動我們身上這個非常古老、幼稚的程式。根據勞倫斯・柯爾伯格的說法，該程式相當於七個級別中的第二級——處於非常不合理和幼稚的級別。這包括伴侶外遇的人，他們雖然想要保持良好關係，但認為自己必須也要外遇才能中和伴侶帶來的痛苦。

但是，如果我們從自卑的角度來看待補償現象，就像阿爾弗雷德・阿德勒所定義的那樣，突然之間出現了一種完全不同的理解。

如果我們的伴侶感覺自卑，例如：由於我們的行為而引發他的自卑，取決於個性，他可能認為無法處理這一點。他認為我們的行為不符合他自己的價值觀，並且想要結束這段關係。為了讓自己繼續留在這段感情，他採取了一種補償性行為：他也做了一些傷害性的事情。這樣他可以向他的潛意識發出信號：「啊，即使他做的事情讓我很傷心，也不至於那麼糟糕，因為我自己也做了一些壞事。」與伴侶兩不相欠是無意識的欲望。而且互不相欠的感覺得以合法維持這段關係。這是處理自身痛苦的一種方法，即使它似乎是自相矛盾的。

對於很多人來說，更匪夷所思的是，有些人想提前與對方扯平。例如：男朋友不忠，並直到幾個月後才在解釋時承認他的錯誤。

由於生活在欺騙中，對許多人來說是如此傷人，以至於為了避免這種深刻的傷害，他們甚至會在對方承認其行為之前，就已經先做一些傷害性的事情，也許甚至在對方犯錯之前。如此一來，他相信自己已領先一步，希望在令人失望的坦白下，自己也不至於那麼脆弱。他認為這樣可以平衡壓力。

這種解釋似乎是可以理解的——但這種補償行為卻是一個五歲孩子的作為。成年人在情感關係中應該能夠相互溝通傾訴。正如徵人啟事上會列舉出應徵者需具備的條件一樣，在關係中我們也可以要求伴侶相互溝通。人們應該能夠談論自己的恐懼。

作為一個伴侶，如果意識到因害怕受傷害而無法保持好好溝通的關係，那麼就應該要明智選擇——要麼保持單身，要麼接受治療。

從自己的印痕中產生那種害怕說出來的恐懼，人們通過治療可以學會處理兒童和青春期的過去印象，這樣人們就可以在感情中更自由自在，更坦白直率地跟對方交流。因為「治療師（Therapeut）」一詞來自希臘文「therapon」，意思是伴侶和僕人。治療師為我們服務，是我們的夥伴。

每個人都應該做一次治療。治療是淨化和修建心靈的過程。它是一種心態調整。正如去運動或健身中心鍛鍊身體一樣，人們接受治療來調整想法獲得成功。因為這個原因，催眠治療是一個有力的工具，因為它們不僅適用於意識，而且特別適用於潛意識的想法。

當人們在感情中真的可以談論所有事情時，這讓人非常自由。人們知道可以跟伴侶談論所有可以想像的事情，會很有安全感。即使害怕對方的反應，也能說出來。

有很多很棒的技巧教人如何與對方毫無畏懼地交談某些事情。想像一下，你站在五公尺高的游泳池跳臺上，不敢跳入水中。我們的意識雖然知道，水很舒緩清爽，跳躍甚至會促進腎上腺素分泌，事後會覺得跳水很好玩等——然而我們的潛意識卻害怕跳進水深處。原因是我們的潛意識裡有一個古老的程式說：「注意，從五公尺高跳下來是非常危險的！」

同樣地，如果在戀愛中的我們想談論某些事情，我們的潛意識因為過去的負面經歷而潛藏一個程式說：「小心！跟你所愛的人說一些傷人的事情是非常危險的！他可能會離開你！」

就像我們在某個時候終於忽略我們的潛意識，並且毅然從五公尺高的跳臺一躍而下一樣，我們應該學會直接說出我們的思慮。因為每次從跳板上跳下來，我們都學到這不是危險的——直到我們在某個時刻站在上面，完全沒有恐懼。同樣地，當我們想說出對我們來說很困難的事情時，我們會突然變得無所畏懼。

這種直言不諱的能力不僅會讓我們在感情生活中受益，在其他許多生活情況中也會有好處，例如：在工作、友誼或家庭。這是讓心靈說話的能力。這是一種純淨的交流，它澄清了許多心之所想，而不是偽裝它。

在下面我想向你展示，如何鼓起勇氣與對方坦白溝通的可能技巧。

◎讓對方坦白的溝通技巧

1共同摸索

告訴對方，你想和他談談對你來說非常困難的事情。但是要相當坦白，這對你來說並不容易，要求對方與你一起探索。對方會感激你，甚至鼓起意志，說出一些對你來說不容易的事情。

摸索試探時，慢慢地開始接近你真正想談論的問題。先從微不足道的事情開始，逐漸接近令人不悅的內容。

2原因：情感

如果對方能夠理解某個行為、問題或陳述，那麼談話就不再有威脅感。首先談談你的感受，幫助對方理解你。說出你感受到什麼負面情緒，例如：恐懼、憂慮、自卑感。對方會理解這些感受。

3原因：印痕

理解能帶來完全不同的感受。藉著告訴對方過去發生在你身上的事情，以及它如何影響你，努力讓對方理解。你的伴侶會知道這些或類似的印痕，並感受到這些傷害是你無法好好說出某些事情的原因。

有時說話是銀，沉默是金。因為心之所馭，無需說話。

誠實是白金。

不過，不告知對方某件事情是否為誠實，這是我接下來想提出的問題。

3 愛你，才會跟你吵架

我在伯恩治療中心的門開了，一對年輕情侶走進來。女人預約治療給男人。這位已處於懷孕後期的女人對她的男朋友非常生氣。

正常情況下，懷孕會因荷爾蒙、新的情況和未來的前景引發許多焦慮。因此，在孩子來到世界上之前，孕婦甚至會希望進行伴侶治療，這並不罕見。如女人所說的，希望治療她男朋友的「病態性癮」。一開始治療時，她仍然對她的男朋友很惱火，認為他生病了，並重複好幾次這句話「我的孩子不需要爸爸！」

我試圖讓她放心。因為我害怕她下次尖叫時，子宮內的羊膜囊會破裂。

當我問她究竟發生什麼事？她告訴我這個故事。他們在懷孕之前有段豐富有趣的關係，直到她必須出差。當她在德國出差兩週時，他留在瑞士的辦公室工作，

在德國出差期間，她與一位前性伴侶發生性關係，早在和男朋友交往前，她就已經認識這位性伴侶了。而他雖然在瑞士沒有與人發生性關係，但他私下自己看色情片。

當她出差回來後，雙方都對這兩週內的「性活動」保持沉默。回來後，他們有個親密的夜晚，而在這一晚她懷孕了。

然而，那一夜之後，他們有一次交心的談話。她承認與前性伴侶發生一次性關係。他承認看色情片。這是巨大爭端的起點！她認為她的男朋友不正常。

突然間，她注意到他到處看女人。她認為這也是為什麼他看色情片的原因——因為他其實很想和其他女人發生性關係，但沒有勇氣去付諸行動，因此僅僅用色情片來滿足性欲。對她來說，這種行為是懦弱而不誠實的。如果他和其他女人上床，她可以將其理解為有誠實需求，並去實現它的行為，對她來說還比較誠實。現在她已經證實，儘管他想要和其他女人發生性行為，卻無法實現。只好暗中幻想其他女人。

我告訴他們我想和他們分別談談。所以，我先找男人談話。他說：「這已經到很誇張的地步！如果我的女友坐在副駕駛座位上，當我在等紅綠燈時，我會看著我的方向盤。因此，我害怕某個在街上的女人會走進我的視線裡。」

所以，他開始避開生活中所有危險的地方。他派他的女朋友去商店買香菸，因為那裡可能會有以裸體女人為封面的雜誌。日復一日，他腦海中只有一個問題：避開有魅力的女性。

當他和他的女朋友一起看電視時，他的潛意識中總有一種恐懼：突然間可能會在電影中的某個地方看到一個身上僅有一點點衣服的女人。他避開有海邊場景的電影，試著猜測大概什麼時候，在電影中可能會出現主角和別人做愛的場景，好讓他在這場景出現前即時起身表現「剛好要上廁所」來避開畫面。

因為一旦她看到一個有吸引力，身穿薄衣的女人出現在他的視線中，或者甚至是一個正在做愛的女人，爭吵就開始了。然後他必須辯白，為什麼他的眼光落在這個女人身上？為什麼甚至剛好停留在她的乳房上？即使他刻意不去看乳房，他也必須先找到乳房，才能有意識地往別處看。她完全瞄準他的眼神；她完全控制了他。她可以區分聚焦於對方臉部的眼神和專注於對方胸部的眼神。

我問他這種深深的恐懼來自何處？她極度恐懼的原因並不是因為他本身的行為，他告訴我說，她在兒時被人收養，原本期待收養家庭能給她一個溫暖與安全感，但是養父母卻虐待她。

我試圖向他解釋，當時她的潛意識已經在深植恐懼，認為自己不夠好才會遇到這種事。因此，某些事件會觸發並放大了她當初深藏的恐懼。她害怕自己不夠漂亮，害怕愛人會選擇一個「更好的人」，並想要「擺脫」她，就像當初她被收養時一樣。

我也向他說明，說謊令人她特別焦慮，因為她的父母有把她送人收養的「祕密」想法。所以，她想要學會認出人們的謊言。當她被騙時，她會覺得你不愛她。

我的說明讓他恍然大悟。他問我如何向她證明：「她是我的唯一。」

我回答說：「說話。談話。之前她坐在那裡說著這一切時，你沒有說一句話。你沉默，你不說話。她認為不說話的人是害怕說出真相。但你不說話的真正原因是，你害怕做錯事。因為你也有潛意識中試圖避免的傷害。希望再也不用感受到有人不喜歡你的不舒服感。例如：在學校被邊緣化時。」

我繼續說：「但是，你的女朋友非常外向，她可以好好表達自己，因為這方面她沒有糟糕的經驗。你要更有自信，直接說出你心裡的想法，而且確信她仍然愛你，即使你說了一些對方不太喜歡的東西。所以，跟她說『我愛你』，告訴她你有多喜歡她。即使她不對你說同樣的話，也要勇敢地說出來。她也無法對你說出『我愛你』，因為在那個當下，她太沉浸於痛苦中。因為她不敢相信你的話。她害怕一旦相信了，她努力建立起來的信任就會毀於一旦。」

最後，我說出最後的建議：「請你勇敢表達你的想法，即使可能會帶來爭吵。**或許你相信爭吵意味著『她不愛你』。因此，你學會盡可能不說任何話。你相信少說少錯，這樣就會減少衝突。你相信爭吵意味感情不好。但事實並非如此。和你吵架，不代表不再愛你；相反地，像你女朋友這種人，只會和很重要的人，值得投資的人爭吵**。因為吵架會讓人大受打擊。對人們來說，他們為了維護彼此的和諧關係，只會爭執那些有關表達自己的觀點。而你們的情況並非如此。她在乎你。她愛你。否則，她不會和你在這裡。因為如果你完全不在乎一個人，你就沒有興趣與他爭論。」

他理解了我的話，並在談話中發現新的觀點。我告訴他我想和他的女朋友談談。

所以，他離開了我的治療室，換他的女朋友進來了。我知道，她沒料到在第一次治療就要處理她的舊傷口。所以我想給她一個新的觀點。我問她，當他們一起出門時是什麼情形。她是否認為總是能感覺到他看其他女人。

然後她說：「是的，我很容易看透他。我總是能看到他試圖不去看，但他老二其實想看的地方。然後他撒謊，他到處撒謊。」我知道她試圖在與他的情感關係中治癒過去的傷痛和印痕。我唯一的目標是讓她明白：她的男朋友正用最誠摯的心深愛她。我想讓她的潛意識明白，被收養、被虐待的經歷與她的愛情毫無關係。

所以我問她：「你有他說謊的例子嗎？」然後她說：「當然！我有成千上萬的例子。幾個星期前，當我們手牽手走在街上時，遇到了一個女人，我們從遠處就已經看到她。當她經過我們時，她非常友善地向他打招呼。他沉默了一會兒，然後很敷衍地打招呼回應。我不認識那個女人。她走掉後，我問他：『你和她發生過性關係嗎？』他立刻說：『沒有。』他說她是老同學。但是，我感覺到有點不對勁。所以，我一遍又一遍地質問他。後來他終於鬆口承認，他幾年前曾經和她上床。」

我鄭重地打斷她的話，因為我有很重要的事要告訴她：「我明白你感到深深的恐懼。害怕被你愛的人欺騙。但我必須向你解釋一些事情。」就在這一刻，我把筆扔向她。她沒料到這個動作，但試圖抓住它。鉛筆掉在地上時，她呆若木雞。因為她突然不了解這個世界。她不懂治療師為什麼對她丟鉛筆？

我問：「你為什麼沒有抓住它？」

她說：「我沒有機會，我沒有準備好。」

我同意她的意見：「沒錯！你的大腦必須更快地切換才可能接住鉛筆。因此，我們不是透過有意識的大腦區域處理訊息，而是在無意識的區域。那裡會更快。尤其有時是由衝動、控制情感的大腦區域來處理訊息。例如，當我們遇到困難時，我們不再有意識地思考，但我們會無意識地處理訊息。我們不會先決定要行動再行事。它就這樣發生了。所以，**當你問你男朋友他是否與那個女人有關係時，也是同樣的情況。他的大腦在這種情況下無法思考，而是做對雙方都好的事情，他說不。是為了自己和你都好，那是很人性的，任何人都不該因此被批判**。還有眼球運動是正常的。你無法知道他在看哪裡。因為當我們非自覺地看東西，而只是思考時，我們的眼睛會朝不同的方向看。思考時我們會借助不同的眼球運動喚起記憶。如同當時上法語課一樣，當我們必須喚起學習到的詞彙時，我們總是眼睛向左上或右上看，以便更容易找回訊息。所以你男朋友可能在看著一個女人的乳房，但腦海中卻完全沒有去想她的乳房。眼睛必須朝某個方向看。基本上可以這樣說：當他看著另一個女人的乳房時，他真的看到乳房的可能性，比當他移開眼神時更小。因為如果他移開眼神，那只是因為他已經看到了乳房，並知道他絕對不能看那裡。但是，如果他往那裡看，這表明他沒有意識到他可能正在看乳房。他是沉浸在他的思想世界中。**相信我：任何知道他女朋友非常愛吃醋的男人，一旦發現了「危險的誘惑」，就會立即往地面或空中看。這就是人性的一面。但是還有另一面你該去思考，就是他的誠實**。你相信他在撒謊，而且他對其他女性有著渴望，因為他在你出差時看色情片。現在想像一下，你男朋友像你一樣。完全一樣。他和你有一樣的想法。同樣的性欲望。同樣骯髒的想法和所有可能是『不乖』的念頭。**因為你最想擁有一個像你一樣誠實，或者最好更誠實的人**。然後想像一下你與男朋友走在街上，他看到遠處那個他曾經有過關係的女人。想像一下，當她還在遠處，他直接說：『嘿，我和她有過關係！她很棒！』想像一下，他會一直說他覺得哪個女人很火辣。你感覺如何呢？那是你想要的嗎？」

一片寂靜籠罩房間片刻。然後她說：「不。」

所以，我繼續說：「沒錯。你不會喜歡那樣的。你知道為什麼嗎？因為你男朋友和你相反。而相反的人會互相吸引。你男朋友一點都不愛吃醋，代表他完全沒有這種不好的想法。因為如果他一直只想著乳房和性，那麼他就只會專注於此，那將是他的真實。而且我們都向外投射我們內在的真實。我們將自己的想法投射到別人身上。如果他有這麼骯髒的想法，他也會如此懷疑你，他將會吃醋，並會控制你的眼神。因為那樣他就會知道對方隱瞞了哪些骯髒想法和需求。所以，你男朋友一點都不吃醋，甚至沒問過你，是否你有這樣的想法或者這樣的欲望，證明他從來沒有這種想法。」

然後我沉默了。我讓她思考咀嚼這些話。之後，我俯身向她說：「不要把你的想法變成他的想法。除非是好的想法。」她點了點頭，鬆了一口氣。她從桌子上觸手可及的面紙盒中抽出一張面紙，不再說一句話。這讓我清楚，有些東西已經發酵了。

然後我用這些話結束了談話：「如果你跟他談談，為什麼他在你出差時看色情片？也許你可以在那裡看出新的觀點。你必須知道，有些男人會感覺到某些負面的東西。為了不至於受到太多的傷害，他們會以女性不太喜歡的行為來彌補，但其目的在於不讓你受到傷害，以至於雙方的關係深受其害。和他談談這件事。你可能會學到新的東西。基本上**你會意識到你不想和一隻小狗談戀愛。一隻逆來順受，總是將主人的需求置於自己需求之上的小狗。你想要和一個男人談戀愛。一個有稜有角的人。一個有自己想法、願望和主見的人。**」

她一言不發地離開了我的診所。幾週後，我收到她的來信。他們已經訂婚並買了房子。一個精彩美好的故事，向我展示了新觀點所蘊含的力量。

當我們改變我們的視角，一切都會跟著改變。

4 創造嶄新的信任感

每段伴侶關係最珍貴的資產是信任，你能夠放心自己發生任何事。你能夠放鬆自己，知道對方接受自己。兩人能夠共同成長並成為彼此的精神支持。你能夠在感情關係中治癒自己的傷口，並在信任基礎上共同發展美好的事情。

感情關係是爆炸桶。當它們被愛的火花點燃時，那爆破就像宇宙大爆炸一樣，打開了新的美麗世界。但是如果桶子裡充斥著負能量，如傷害和謊言，那可比擬迄今毀滅世界的大爆炸。如果一個人真正關心共同連結中的某些東西，即使事件或失望破壞了信任關係，也可以再次重建信任感。

如果我們將信任想像成一個房子——一個我們感到安全的家園，那麼我們需要重建信任，就像重建被炸毀的房子一樣。我們看看哪裡破壞最嚴重，並從首先開始重建建築的這一部分。我們讓家園變得美好。用新的瓷磚、新的地板、新的家具。

最棒的是，終於可以改變之前已經干擾你的一切東西，終於有張舒適的沙發，終於有個更美麗的餐桌，終於可以為牆壁塗上新顏色。這是重建信任的好處：許多部分會變得比破壞信任前更美麗。

但為了恢復信心，人們需要與重建倒塌房屋一樣的努力和汗水。如果已經辦到了，一起重建房子，就可以坐在露臺上，享用一杯飲品，並驕傲地回首那令人難以置信的偉大成果。

◎如何快速重建信任？

第一個重要步驟：每個人都有自己的方法，但是一個有意識的決定非常重要！首先和自己喊話：「我想恢復自信！」這個決定可與奠基儀式或第一塊鋪好的磚相媲美。決定和對方一起走這條路。當然，伴侶做出同樣的決定也非常重要。否則無法期待從未在建築工地現身的伴侶來建造房屋。你無法單獨完成這個任務，因為這種工作需要第三隻手。畢竟你的目標是，讓你和你的感情關係伴侶住在這個房子裡。因此，雙方一起重建房屋也很重要。

第二個重要步驟：做出有意識的決定後，雙方需要一個新的法典，確立某些能恢復信任的新規則。雙方都可各自制定一個迄今為止還沒有，但可立即生效的規則。例如：濫用信任之後，雙方都有權查看對方簡訊，確保對方沒有和任何情人交換祕密簡訊。

這些規則沒有例外，而且彼此必須接受和容忍。如果一點也不能贊同對方的規則，就應該問自己，是否真的想繼續這段關係。接受對方的規則代表能理解他。這些規則與建造房屋時建立的工作條件和工作時間相似。

第三個重要步驟：建立積極有效的新溝通方式，是能夠成功合作的關鍵要素。你應該知道你的伴侶對你的說詞接受度如何。你也應該傳達你對對方說詞的接受度如何。一個新的、更開放的交流可以帶來很多好處，而且可以藉著約定每週一次的親密談話時間，有意識進行新的溝通方式。

例如：每個星期五晚上一起坐在沙發上，互相討論我這星期都在忙些什麼？我想改變什麼？這種開放的溝通方式促使我們保持主動，並給予彼此安全感。藉由被傾聽和被感知，獲得被認真對待的安全感。

第四個重要步驟：共同完成新的事情，以便有效重建信任。這對雙方來說必須都是新的事情。無論是到雙方以前都沒有去過的地方度假，還是一起完成一個新計畫，或者創建一個全新的儀式，例如：一起去看電影，或一起加入體育協會或瑜伽社，也可以一起開始學習一個樂器。最重要的是，它對於雙方來說都是全新的事情，做什麼不重要，而是雙方一起做。

第五個重要步驟：建立信任高於一切的協議。也就是說，絕不能發生這樣的事情——和哥兒們相聚的夜晚，比每週一起的談話時間更重要，或者和女性閨蜜聚會突然比你們一起守護的新儀式更重要。

如果我們用心進行這重要的五個步驟，並以許多的尊重和熱愛來建立這個家園，那麼這美妙能量能帶來良好的關係。而這種美好會蔓延到各個角落：延續到朋友、熟人、親戚、工作環境和其他一切。

我衷心祝福所有人，你們能夠擁有最美好的關係，也就是，當你坐在新建住宅的露臺上，欣賞夕陽，你知道再也沒有什麼事情能夠動搖你們那強韌堅實的房子了。

★重建信任的五個步驟

1 共同做出有意識的決定：是的，我們想要重建信任。

2 新規則：雙方可以各自決定一個新規則幫助他們重建信任。

3 新的溝通方式：共同決定一個新的溝通方式。

4 一起做新的事情：共同做一些從來沒有做過，完全新的事情。

5 高於一切的信任：必須幾乎沒有什麼比重建信任更重要了。

5 這樣做，冷靜面對危機

有愛就有恐懼。害怕被遺棄或自己不夠好，擔心被邊緣化。我們都曾浮現這種恐懼。一旦內心出現恐懼，就很難忽視它。一旦出現恐懼，一顆心就懸在那裡了。我們或伴侶的任何恐懼都可能會導致吵架。因此，經營感情關係必須好好管理危機，防止不必要的爭吵是成功維持長久關係最重要的規則之一。

透過適當管理危機，能夠在發生危機的關鍵時刻採取正確的行動。你需要同時使用頭腦、肚子和心臟才能採取正確的行動。因為許多人太過於沉浸於他們的心痛，只懂得透過眼淚表達心痛。其他人則受到直覺（潛意識）的影響，這使過去的印痕又浮出來。

因此，在危機情況下，重新建立頭腦、肚子和心臟之間的平衡非常重要。換句話說，在危機時期頭腦通常不太能好好思考，因為我們感受到肚子裡或心裡的恐懼，然後也想要用兩者來反應。

如果問身體哪個部位會察覺到人的焦慮？百分之九十九的受訪者表示，他們會在肚子、肚子和胸部之間、胸部附近或脖子周圍感到血液循環不良。自律神經系統控制了我們的感知及其行為。

因此，我們在危機情況下，啟動理性是非常重要的事，這樣我們就不會完全陷入恐懼感。但要即時使用頭腦發揮理性功能，這說起來容易做起來難。

事實上，你可以練習這麼做。人們可以練習在危機時刻保持冷靜。這是救護人員、醫生和律師都要掌握的技能。但你要怎麼練習呢？

第一步驟，在危機時刻之前，你要先準備好一個可以在危機時刻召喚出來的想法。這個想法必須是絕對抽象的概念，而且與情況或恐懼毫無相關。最好是一個極抽象的想法，以至於你從未在生活中看過這樣的事情。

例如：一隻穿紅橡皮靴的貓跳彈翻床的想法。或者一隻狗咬著檸檬的想法。其背後的基本概念是，阻止我們大腦中接上與恐懼有關的突觸連結。應該破壞會產生焦慮的所有連結，我們藉此讓恐懼沒有空間。更確切地說，我們不給恐懼迴旋的空間，但把空間給貓或狗。當我們不去想令人恐懼的事情時，它就會逐漸消失。突然間，它就真的會消失的無影無蹤，就這樣沒了。

如果你注意到你的戀人正處於恐懼之中，鼓勵他轉移注意力，想想那隻有趣的貓或狗。然後問你的伴侶問題，例如：今天貓的橡皮靴是什麼顏色？

藉著這些問題，你讓你們能重新找到積極正面的感受。

如果對方陷入了恐懼，而你能藉由這荒謬的中性圖像讓對方擺脫這種感覺。

第二步驟，激勵你的伴侶，想像一個非常具體、美好、積極、正面的共同未來。對於被困在恐懼中的伴侶有好處的圖像。當然，雙方對喜好的未來想像可能各有不同。但也可能是相同的未來願景。例如：你們與孩子一起去海邊玩，或者當女兒畢業時，你們緊緊擁抱彼此。

為了讓對方留在這個美好的未來遠景中，從而保持積極的能量，你應該問他一個具體的問題。例如：「告訴我：我們女兒會以什麼成績畢業？」通過這樣做，讓你的伴侶保持積極的想法。你不僅以積極的方式編輯了自己的思維，而且也編輯了伴侶的思維。

如果你想激勵你的伴侶使用這種危機管理，那麼就對他提出對荒謬且中立的抽象概念，然後問對方一個對未來願景的正面想像。

★危機管理

1只要危機臨近，就想想一個中立但荒謬的念頭，它是完全不相關的思想，使你能夠啟動理性，並突破負面思維的過程。

2想想與你的伴侶共同未來的具體細節。

6 不要複製好萊塢式的感情關係

我們仰慕、尊重和尊敬的偶像和榜樣，從各方面向我們展示他們的形象：我們在電視上看到他們；我們在雜誌上閱讀到有關他們的事；我們在收音機上聽到他們的消息；我們在電影院和音樂會上看到他們取得成功。

正如加拿大心理學家亞伯特・班杜拉（Albert Bandura）在二十世紀六十年代早期已經在作品中指出的那樣，人們窮盡一生的時間學習典範。因此，我們從社會中尋找值得學習的榜樣。

由於這個原因，我們片刻都不會懷疑媒體展示給我們的那種好萊塢式的感情關係。那樣的關係模式代表了一個目標準繩。我們理所當然會以榜樣所展示的感情關係來當作我們的模範。

這種模範對我們的人際關係是災難性的。因為好萊塢式的感情關係不能與我們「人類」關係相提並論。我們的社交關係是真實的關係、真正的關係、實質的關係，經歷跌宕起伏的關係。

與我們珍貴的關係相比，好萊塢式的感情關係不過是一種形象關係。偶像們是追求經濟目的的關係，欺騙媒體進行虛假宣傳，只因為這樣他們才不會失去粉絲。與好萊塢膚淺的表面關係相反，我們深厚的社會關係帶來了幸福，我們的個性發展和精神發展都更加進步。不但提升對彼此的尊重，也在使得互動更加親密。

因此，如果你發現你在愛情關係中低潮的時候，不要相信那些名人在媒體上展演的樣子，不要被媒體愚弄：只有你自己才能決定一個良好關係的真正價值。有些人在誠心真摯中找到它，有些人在一起度過艱難時刻時找到它，另一些人也許是因為他們能一起為某件事而奮鬥。不管那是什麼，你決定真正的價值，使你的關係成為珍貴關係，從而加強和提升你的價值。

7 在一起和分手的焦慮

連結性——這是最美的經歷之一。正因為它太美好了，很多人都害怕再次失去這個連結。許多人對進入更親密的關係躊躇不前，甚至恐懼，即使另一個人深深吸引著他們。這種恐懼往往會使被拒絕的你感覺自己不夠好或配不上對方，沒辦法與對方建立更深層次的連結。**所以你可能會問對方：「我不夠聰明嗎？我不夠漂亮嗎？還是因為我賺的錢太少？我太胖嗎？太瘦嗎？」**一個又一個讓人原地踏步無法前進的問題。

無法接受連結的人會迴避以上那些詢問原因的問題，只回應你：「我自己甚至不知道是否能夠應付生活」或「我覺得你很棒，但我現在還無法想像與你談感情。」

那些令人更困惑的回答，讓我們想像著「一旦他的生活有了新方向，他能夠決定嗎？」或者「這是否意味著，也許有一天我們之間可能會發展出什麼？」這是讓我們折磨著自己的不必要思索。

其實，他的這些答案主要出自於兩個原因：

一、他對你不感興趣

我們感興趣的人對我們毫無興趣。這可能是因為某些特定的東西對這些人來說非常重要。例如：身高或薪水或外表。如果有人對你開出這樣的條件，問問自己：你真的想與這樣一個人建立深層的連結嗎？與一個把你和你的美好價值簡化為單一特點的人？

二、他自己的印痕

過去的印痕大多來自童年和青春期，導致你有興趣的人恐懼和別人深入交往。例如：小時候他可能常被自己的父母拒絕，或者在學校被排斥甚至欺負。這些印痕非常深刻。如此深刻以至於他在潛意識中認為，當他與某人建立連結時，會變得更加脆弱。因為表明了自己的感情，會變得更加脆弱。

在這種情況下，你應該認清這種讓人受傷的感情，與這種人可能不容易建立好關係。顯然，對方還沒有好好檢視來自過去的特定印痕和傷痛，所以印痕仍然主宰著他的生命——深深地烙印在心裡，以至於他寧願放棄與人發展更密切的關係。

這促發我們思考一個問題：在對連結幾乎沒有信任感的情況下，真的從一開始就能建立對雙方都有好處的關係嗎？

愛的感覺不是應該超越所有怕被傷害的恐懼嗎？

如果他太過重視他的印痕，甚至不給愛情一個機會，他真的是合適的人嗎？

如果你在開始一段感情之前就已經意識到自己的價值，那麼你便會忠於自我和自愛。因為最重要的是，你不會迷失自我。

你不會為了別人降低你的價值。

你不需要追著別人跑。

你不需要跪在別人面前，拜託他們像你對待他們的方式來對待你。

你不需要指點對方，他也可以向你展示更深的感受。

例如：如果你在認識階段即坦誠直率地對待伴侶，但是他完全不理會你甜蜜的小調情，你不應該抱持希望太久，認為「他很快也會對我更坦率、放得更開了」。如果對方覺得你是很棒的人，他會開放自己並對你展示熱情。

一旦你必須一遍又一遍地重新嘗試，以獲得對方的讚美或甜言蜜語，你應該從根本上考慮一下，你是否真的活該處於這種單向的情感；或者你可能值得更好的人。

同樣的情況是，當在一起一段時間後，你的伴侶突然對待你不如往昔。這也點出一個問題，我懷疑你是否活該得到這樣差勁的待遇？

當你和對方談論這點時，請以冷靜和建設性的方式對話。

一方面，這會很快提高你的魅力，因為看重自己的人，通常比那些不看重自己的人更具吸引力；另一方面，希望這段關係能通過澄清談話重新綻放。經由坦誠的溝通，雙方可以談論所有長久以來讓他們感到肚子痛（潛意識預感到不安）的問題。

但是，如果所有努力都失敗了，心（感受）、肚子（潛意識）和頭腦（思考）都說結束關係更有意義；如果愛的感覺無法真情流露，那麼就點出一個問題：到底是什麼阻止你勇敢踏出分手的那一步。

一般來說，阻礙我們勇敢分手的三個主要原因是：

一、害怕自己不夠好

想分手的人，會在腦海中思考從開始到結束的分手過程。只是遺憾的是，通常會思考遠及「分手結束後」的事情。會突然有想法閃過腦海，像是「如果我突然看到他與另一個人牽手怎麼辦？」或者「如果之後事實證明，我從來就不是他喜歡的類型怎麼辦？如果他下一任女朋友是一個看起來完全不同的人？」

這些問題是我們害怕自己不夠好而產生的問題。害怕發現一直以來被欺騙著。許多人都非常害怕不夠好的感覺，如果突然看到前男友與另一個被評為「好多了」的人在一起。而這種恐懼會阻止很多人結束關係。只是這裡點出一個問題：正是這種情況下，分手會不會同時是一個很好的考驗，讓你清楚，對他來說你是否真的是地球上最偉大最重要的人物？因為，如果你只在幾天後就見到他和別人在一起，這樣你就能確信，他不打算努力來贏回你，而他傳達給你的價值觀是虛假騙人的。

二、後悔這個決定

有些人從來不敢實行分手的決定，完全是因為害怕會後悔自己的決定：畢竟之後可能會對伴侶再度產生感情。在這種情況下，暫時先分開一陣子也許能讓人找出答案，在幾天或幾週後你會更清楚這個決定對不對。如果你的伴侶在分開期間馬上選擇和別人在一起，他橫豎不是適合你的人。

三、損失

許多人儘管其內心想分手，卻不分手。主要是因為他們擔心，他們會因此失去某些有價值的東西。大多數情況下，是因為可能會失去共同朋友，或者是在分手後毫無關係的伴侶家人。在極少數情況下，是因為物質上的損失，例如：伴侶的收入或共享的財產。通常害怕孤單的感覺會伴隨著以上這些原因。孤單籠罩著你。因為所有填補自己生活的事情：愛情關係、伴侶的家庭和共同的朋友，突然煙消雲散，然後自己的生活感到「空虛」。

這也正好點醒你！如果只有朋友、家人或物質上的財產才能維持感情，那麼可以肯定地斷言，這段關係不再是建立於感情之上，而是建立於理性的條件。

每當分手讓人疑慮時，我們應該問自己，這些顧慮是否具有理性本質，即來自頭腦的思考？或是來自肚子的直覺？還是來自心臟的感受？

每當牽涉到分手時，都應該記住，雙方都會經歷分手的過程，那是一個非常強烈，可以改變很多的過程。只是說出分手不代表塵埃落定；分手，或者「威脅要分手」通常是最後一次呼救感情！希望喚醒對方，讓他用心重新感受。

許多分手的伴侶再度復合，因為分手完全喪失的價值，讓人們突然意識到那些不必要的爭吵和關係中的錯誤焦點。在關係中共同尋求解決方案可能是比較好，並且壓力較小的方式。

如果雙方都重新學會用腦思考，用肚子感覺，並用心去感受，通常這樣就足夠了。而不是像許多人做的那樣，用頭腦去感受。頭腦無法感受，它只能思考。

頭腦、肚子和心臟，每個器官都有特定的能力，而且最終還有一項特定的任務。如果我們試著用腦袋去感受，那就跟在餐廳退回所點的食物所使用的理由一樣荒謬：「食物聽起來不好。」是的，品味食物只能用舌頭。音樂也無法用眼睛看，必須用耳朵聆聽。

因此，應該避免使用類似這樣的句子：「我想我的丈夫不再愛我了。」

我們用精神靈魂秉持信念，用心感受，而不是用頭腦思考愛情。

如果你對自己說：「我覺得我的丈夫不再愛我了」，你的感覺如何呢？

若你改變一個說法，並試試說一次這句話：「我覺得我丈夫很愛我！」

相信在你心中會感覺很不同。

8 伴侶治療帶給你全新的觀點

每一段關係都是伴侶治療的自然形式。因為在每段關係中，我們透過愛與連結，會靠近我們理想的目標，幫助我們克服恐懼，平復傷害。

如前文的解釋，治療師是希臘字「therapon」即「同伴」的詞源，讓我們在治癒之路上偶爾能採取其他觀點的同伴。因為我們太過陷入自己的傷痛中，而在之前可能沒有看到的其它觀點。

每個人都該有位治療師。因為治療不是壞事而是美好的事。被治療意味著被陪伴。開始治療的人，想要發揮自己的潛力；想要處理自己的恐懼，並成功連結和自由編輯潛意識和意識。治療師陪伴我們，幫助我們拓寬視野——獲得新的想法，從而鞏固新的感受。伴侶治療師能識別出來龍去脈，看到伴侶之間相互依存的過程，並且在邁向共同願景的道路上以個別或兩人一起的方式陪伴雙方。就像我在我的精神發展研究所傳授和創立的「伴侶治療法」一樣。以簡單直接的方式支持伴侶雙方的一個方法——處理他們的意識，以及他們的潛意識。

基本上我們都是伴侶治療師，因為我們都曾經在朋友陷入感情危機時，作為朋友可以依靠的肩膀。也許，你現在也可以使用本書中的具體技巧來幫助你的朋友，在他們陷入感情危機時，能夠感覺好一點。因為彼此的連結對我們有好處。連結使我們堅強並提供我們依靠。

相互治療彼此吧！

如果伴侶的眼淚突然消失，而且可以再次微笑，並享受生活中美好的一面時，這會是一次絕佳的體驗。

結語：積極面對每一段感情

我們的生命是一個奇蹟。我們只能在有限的時間內以活著這種形式享受奇蹟。我們應該越來越意識到這一點：在這個星球上我們的一生有限。然而我們都活得好像我們有無限的時間。在日常生活中，常常等到我們意識到快接近生命終點時，人們才會允許自己用最喜歡的方式生活。

你應該像你喝咖啡的方式過你的生活。有些人喝咖啡加牛奶不加糖；有些人則喝咖啡加糖不加牛奶；有些人喜歡加鮮奶油、糖，或單純喝黑咖啡。

同樣地，你應該問自己，你最想怎麼過生活，而不是過別人想要你怎麼做的生活。總會有想要命令你的「垂直者」。他們想要恐嚇威脅你，只因為在那些時刻他們的自尊心推動他們這麼做。但你不必讓這些人留在你的生活中。

你應該保持其他想法：看見生命中的積極面。因為即使我們身邊似乎圍繞著如此多的消極事物，我們的生命仍然保持積極，擁有豐富且充實的人生。

它們存在著。是的，我告訴你：我知道它們存在。

癒合的時刻、美好的相遇、有益的消息、保護你以成就偉大事情的積極能量。即使有什麼不愉快的事情，試著去看看這個經歷能幫助你什麼。因為，躺在沙灘上享受生活雖然是生命中最美好的經歷之一——但你的精神發展可能不會在這樣的情況下進步。如果我們有需要對付的障礙、封鎖、恐懼和其他困難的情況，我們在這些時刻學會的東西，比任何教科書所能教給我們的還要更多。

不要沮喪、氣餒！不要被愚弄！遵循自己內心的聲音，用你的正能量成就偉大的事情！因為如果我們的世界需要某些東西，那將是像你這樣的人，能夠認識到潛藏在我們所有人身上的積極潛力！

誠心地祝你萬事如意

加百列

後記：精神發展

持續自我的精神發展是一件神奇的事情，很難用言語形容。當我們精神上突然有這麼大的發展，我們就不會喪失勇氣。或者，在我們以前會失去控制的情況，完全保持沉著反應。當我們能夠擺脫恐懼，享受生命的美好時，我們知道自己可以在精神上持續發展，直到我們呼吸到最後一口氣，是一個美好的期許。這意味著積極面永遠不會停止。它一直在那裡。

根據最新的神經學論點，我們也知道，直到老年，我們的大腦突觸終其一生會不斷地重新連結。我們的大腦隨時能學會全新的、積極的態度。它可以隨時拋棄無用的恐懼，或者它可以重置自己，並乾脆停用舊模式——並創建新的、美麗的圖案。因為模式也可以是美麗的圖案：一個人的甜蜜怪癖是一種圖案。一個人的美好思維方式是一種圖案。圖案很自然，而且無處不在。每個雪花都有一個圖案。自然界中的每片葉子都有一個圖案，每棵樹皮都有一個圖案。我們隨時能學會新的思維方式、態度和觀點。最美好的事情是：我們的潛意識整天都在試圖找出那些很棒的一面。而我們完全沒有意識到。這有點像我們日夜運作的免疫系統。它負責好的事情，負責保護，負責保存積極的東西。

我們的潛意識也是如此運作：它日以繼夜工作。夜晚，它在我們的夢中處理白天經歷的內容，在白天，它處理通過陳述、圖像、思想和白日夢直接經歷的內容，並指引我們邁向最積極的態度，最有幫助的思想方式和對我們來說最好的生活方向。

是的，因為我們在任何時候都盡力而為。

在任何時候。即使事後我們對做過的事後悔遺憾，我們應該學會泰然自若，理解到我們當時已盡力而為。

我們生活的每一刻，都是自己最好的版本。

是的，即使我們只是為了保護自己而做一些事情。或者即使我們擔保的事，後來變成完全不同的東西。即使我們誤看了某些人，上了某些人的當並感到失望。即使這樣，我們已盡力了。

最重要的是，在所有的經驗中，我們確信自己會持續保持精神發展。我們一直在這個過程中，不斷地使自己更進步。所以我們的想法，我們的習慣和我們的環境也不斷發生變化。為此，我在精神發展研究所提供一些機會，讓人們積極影響自己。

我在伯恩的研究機構親自指導帶領各種培訓課程。我是由兩個協會認可的合格認證催眠治療師——一個瑞士協會和全球最大的協會。那些想轉換自己的職業生涯，並幫助其他人的人參與這些課程。催眠治療師在精神上陪伴一個人，並現場經歷奇蹟般的事情，幾乎沒有什麼比這更美好了。例如：當被陪伴的人克服恐懼或戒癮，或者多年後再度與某人和好。

我也根據 INVALUATION® 方法帶領合格會話治療師的培訓課程，並根據我自己的方法指導伴侶治療師的課程。然而，在精神發展研究所還有其他老師提供的其他課程科目。因為每個人都應該有機會展示他身上的潛能。

有關更多訊息，請造訪：www.ifge-online.ch

感謝辭

合理表達自己的感激可能是最有挑戰的事情。

感謝我們能夠體驗的一切，這對我來說非常神聖。例如：每天呼吸，享受陽光，欣賞不同的氣味，結識不同人，完成計畫。

所以，我要感謝在我的生命中曾經給予我正能量的那些人，給予我真正微笑的每個人，以溫暖親切和信任對待我的所有人。

所以，我第一個要感謝的是你，親愛的讀者。我很榮幸能夠受到你的關注，感謝你閱讀我的書。我希望你和你身邊的人會因為這本書變得更積極、更正面。我常說：「為了點燃升溫的火，所需要的只是一個火花。所以，積極的火花也足以讓不可能變成可能。」如果我的書能點燃你的火花，我會非常感激你。而且我衷心希望，這本書能讓你發生很多奇蹟。

我還要特別感謝我的家人；我的母親是最親切溫暖的人，她始終以溫暖和熱心腸忠實地體貼陪伴所有人，並仍然毫不思索地持續這麼做。在丈夫自殺後，她獨自撫養七個孩子，從早到晚工作，卻從未抱怨過什麼。從她身上我學到了韌性和靈敏。在我困難的時候，當我兒時不斷接受檢查，而臨床上無法找出我有什麼疾病時，她一直用最好的想法鼓勵我。藉著向我展示，應該正面積極地理解看待我的特別——這些疾病發作是我心靈發展特別先進的標誌。她這種忽視負面的態度促使我勇敢前進。

就像當時，我在上小學之前就已經能夠讀書寫字。我和她約定上德語課時，要表現得好像我還不會一樣。當我寫這些字時，我不得不再次微微一笑。或者，當她陪伴我多次檢查神經系統，我內心深深感覺到她一次又一次地試圖告訴我一件事——雖然醫生要求檢查身體，但她知道，我一切都很好。我只是有一個特別的靈魂。她一次又一次很理所當然地向我解釋，為什麼我的名字叫「加百列」。

我的母親是一位私人醫師和治療師。衷心感謝妳為我做過的一切。妳知道，永遠不會有人來競爭我對妳的愛。沒有人和妳一樣。

還有我的家人們——桑丘、卡門、瑪麗莎、辛迪、茉莉、特麗克絲和所有與你們親近的人，謝謝你們。我們的連結終其一生都會是我們的蝸牛殼，我們將在其中找到安全感和庇護。因為在需要的時候，總是可以依靠蝸牛殼。永遠。

我要衷心感謝我身邊最親密的人，我的同伴和我最忠實的靈魂——那些更加親近陪伴我的人，以及在遠方支持我的人。你們在我心中有一個非常特別的位置。瑪麗安・艾曼、馬克思・艾曼、安德烈亞斯・馮・阿爾克斯、托馬斯・哥嘎斯、於爾格・王、馬蒂亞斯・費希迪克和所有屬於這裡的人，我發自靈魂深處感謝你們。

特別感謝我最好的朋友和出版商代表喬・福克斯，我與他合作出版很棒的書籍和共享許多美妙的時刻。還有帕斯夸萊，他不想再跟我開車，因為我有時開得太快了。

最後，特別感謝那些曾經愚弄過我的人。尤其是那些因而真正挑戰我的人。那些在學校欺負我、打我和讓我身體受傷的人。也許你們是我現在可以成就這麼多好事的原因之一。我的感謝、我的關注獻給那些傳播積極能量的人們。因為我們散發積極的能量，同時也會回到自己身上。雖然大多以常常意想不到的形式，但更美好。正是這種神奇的體驗，即積極能量的回歸，我特別祝福你，親愛的讀者。這是你應得的！

聯絡方式

如果你想和我保持連結，你可以用不同的方式來做——當我們連結在一起時，這當然讓我開心，因為連結是最美的感覺之一。在連結中成就美好和偉大的事情感覺很棒。

你可以用下列的方式聯繫我：

通過我的網站：www.gabriel-palacios.ch

或通過臉書：www.facebook.com /autorgabrielpalacios

或通過精神發展研究所：www.ifge-online.com

你可以在此 www.v-s-h.ch 找到瑞士催眠治療師協會

你可以在此 www.invaluation.com 找到我稱為 INVALUATION® 的談話治療方法，培訓日期和治療師。

你可以在此 www.cameo-verlag.com 找到 Cameo 出版社

我也提供認證的決策教練網路培訓課程：www.entscheidungs-coach.com

我在伯恩的工作地址是：

Palacios Relations,Gabrie lPalacios,Rosenweg 25B,3007 Bern,Schweiz

你可以通過以下電話聯繫我們：+41313715402

或通過電子郵件 info@palacios-relations.ch

如果你需要幫助支持，請告訴我們：我們樂於為你服務。

你能來到這裡真是太棒了——你現在屬於我們這個不再讓別人愚弄自己的俱樂部，

真是太好了。好極了！

誠摯的　加百列

心理測驗：愛情裡，你會變成哪一種說謊者？

對於每個問題，只打勾標識出最適用於你或受訪者的答案：

●如果我撒謊……

別人不會注意到，因為我非常有說服力。 □ A

別人不會注意到，因為我很聰明。 □ B

別人會注意到，因為我幾乎無法隱瞞任何事。 □ C

我無法判斷別人是否注意到我，因為我幾乎從來不說謊。 □ D

●我說謊……

只有當我受到威脅時！ □ A

□ B 為了領先對方一步。

□ C 大多只是為了不傷害對方。

□ D 只有當它對團隊有好處時。

●我相信……

□ A 比較強的人會贏。

□ B 謊言統治世界，我身邊幾乎所有人都說謊。

□ C 沉默通常是金。

□ D 我身邊的人基本上對我很誠實。

●說謊的人……

□ A 想挑戰我！

□ B 是錯的，我受不了他們！

□ C 應該有很重要的原因才會說謊。

有一些非常糟糕，有一些還可以。　□ D

● **當我知道有人騙我時……**

我會責備她或他！　□ A
我會讓這些人從我的生命中消失。　□ B
我可以好好掩蓋、看淡它並遺忘這件事。　□ C
我嘗試找出真相。　□ D

● **我身邊的人……**

如果他們想要某些東西會說謊。　□ A
如果他們想欺騙我會說謊。　□ B
只有在對大家都好的情況下才會說謊。　□ C
為了強調真相的特定面而說謊。　□ D

●**謊言是……**

有用的，如果是為了保護自己和達到目的。
無處不在——而且根本是最糟糕的事！
當然有時是必要的。
只為了從另一層面說明現實。

□ A
□ B
□ C
□ D

●**這個世界會是一個更美好的地方，如果……**

每個人都讓對方過自己的生活！
說謊的能力不存在！
每個人都決定更誠實。
不再認為撒謊那麼糟糕。

□ A
□ B
□ C
□ D

你已經回答了用來評估說謊者類型的所有重要問題。每一個可能的答案背後都有相應說謊者類型的意識形態，相應類型的內在態度，以及具體感知模式和思想。

現在，請計算你在 A、B、C、D 字母框中打勾的次數，並在下面輸入所選答案的數量來進行個人評估：A＿＿（個）B＿＿（個）C＿＿（個）D＿＿（個）

根據你現在的統計數據，你可以看到在你身上哪種說謊者類型特別明顯。你身上同時具備多種類型也是可能的。

這份問卷調查能提供你啟示，了解哪些說謊者類型在你身上特別明顯。你也可以將此問卷調查應用在其他人身上，以了解你面對的是什麼樣的說謊者。這也能讓你清楚了解，如果對方說謊，你應該如何在理想情況下與他交手。

字母 A 代表的是犀牛型。

字母 B 代表的是蛇型。

字母Ｃ代表的是鹿型。

字母Ｄ代表的是變色龍型。

如果你在不同情況下和不同的時間點再次測試自己，將會出現很有趣的現象。在我們的生命旅途中，這些類型會有些改變。這是由於不同的經歷，新的正面印象，不幸的是也有負面印象，以及我們內在態度和意識形態的穩定發展。

你也可以在網路上找到這個測試：www.verarsch-mich-nicht.com

國家圖書館出版品預行編目 (CIP) 資料

看穿男人的心機套話術：用破解謊言的五大技巧，了解對方的所有心思 / 加百列 . 帕拉西奧斯作 ; 蕭淑惠翻譯 . -- 初版 . -- 新北市 : 大樹林 , 2018.10
面； 公分 . -- (心裡話 ; 7)
譯 自 : Verarsch mich nicht Gedankenlesen in der Beziehung
ISBN 978-986-6005-80-0(平裝)
1. 兩性關係 2. 感情 3. 讀心術
544.7 107014468

心裡話 07

看穿男人的心機套話術

用破解謊言的五大技巧，了解對方的所有心思

作　者 / 加百列 ・ 帕拉西奧斯
翻　譯 / 蕭淑惠
編　輯 / 黃懿慧
校　對 / 邱月亭、李麗雯
排　版 / April
封面設計 / 葉馥儀設計工作室
出版者 / 大樹林出版社
地　址 / 新北市中和區中正路 872 號 6 樓之 2
電　話 / (02) 2222-7270
傳　真 / (02) 2222-1270
網　站 / www.guidebook.com.tw
E- mail / notime.chung@msa.hinet.net
Facebook / www.facebook.com/bigtreebook
總經銷 / 知遠文化事業有限公司
地　址 / 新北市深坑區北深路 3 段 155 巷 25 號 5 樓
電　話 / (02)2664-8800　傳　真 / (02)2664-8801
初　版 / 2018 年 10 月

定價：280 元　ISBN / 978-986-6005-80-0

填寫線上回函，抽好禮！

請掃描 Qrcode，並填妥線上回函完整資料，即有機會抽中「MUJI 無印良品 - 有機棉天竺粗紋被套 / 雙人」(顏色隨機出貨)（價值 1610 元）

★中獎名額：共 3 名。
★活動截止日期：2019 年 02 月 25 日
★公布日期：2019 年 02 月 26 日會於大樹林臉書專頁公布各 3 名中獎者，並以 EMAIL 通知中獎。
★大樹林臉書：http://www.facebook.com/bigtreebook

※ 一人可抽獎一次。本活動限台、澎、金、馬地區。
※ 中獎者需要附上購書收據，發票或憑證，方能領獎。

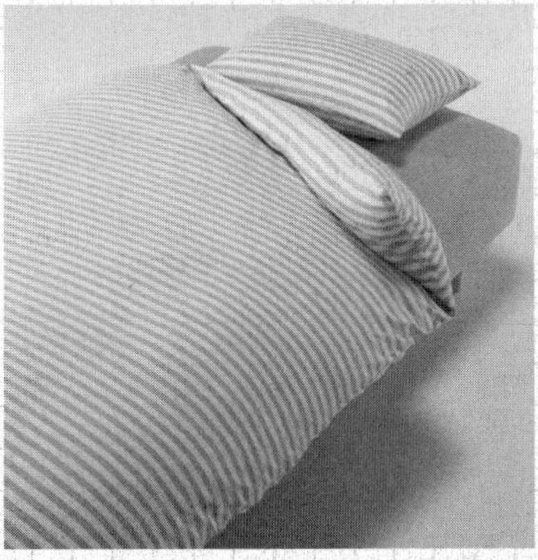
淺咖啡雙人被套

深咖啡雙人被套

Bigtree

療癒・心理・健康・育兒，卓越品質是大樹林的堅持。